JN411427

조선시집

고려인 최초의 시집: 박일, 『조선시집』, 1958

박 환 (수원대 사학과 교수)

1. 『조선시집』에 대한 해설

1860년대 한인들이 러시아로 이주한 이후, 수많은 한인들은 그들의 생존을 위하여 끊임없이 노력을 전개하였다. 특히 1905년 을사조약에 의해 외교권이 박탈당한 이후에는 국권회복을 위한 가열찬 항일투쟁에도 참여하였다. 이러한 한인들의 독립투쟁에 많은 문인들도 동참하였다. 연성용, 태장춘, 조명희 등은 그 대표적인 인물들이다. 조명희의 경우 블라디보스토크 항구가 내려다보이는 독수리전망대 근처 극동연방대학교 과학박물관 정원에 〈포석 조명희 문학비〉가 세워져 있어 우리에게 보다 큰 감동으로 다가온다. 아울러 하바로브스크 콤소몰스카야에는 그가 살던 집이 아직 남아 있어 보는 이의 마음을 안타깝게 하고 있다. 더구나 하바로브스크 중앙공원묘지 입구에는 1937년 중앙아시아로 강제이주 당한 조명희 등을 추모하는 성당과 기념비가 서 있다.

한인들이 중앙아시아로 강제 이동된 뒤, 즉 1938년부터의 한국문학은 강태수 · 김광현 · 김기철 · 김남석 · 김두칠 · 김 보리스 · 김세일 · 김용택 · 김종세 · 김준 · 김증송 · 김 파벨Kim Pavel · 남철 · 리 바실리Li Vasiliy · 명철 · 박 미하일Pak Mikhail · 박성훈 · 연성용 · 양원식 · 오 블라디슬라브O Vladislav · 원일 · 이은경 · 이종희 · 임하 · 장윤기 · 전동혁 · 정상진 · 조정봉 · 주송원Cu Aleksey · 차원철 · 최 예카테리나 · 한상욱 · 한 아폴론Han Apollon 등에 의해서 주도되어왔다. 그러던 중 1958년 우리의 옛 작품들과 러시아지역 및 중앙아시아 지역에서 활동했던 여러 시인들의 시들이 하나의 작품집으로 꾸며지는 성과가 이루어졌다. 『조선시집』이 바로 그것이다.

『조선시집』은 카자흐스탄의 크질오르다에 있는 고려인 작가들이 알마티에 소재한 카자흐국영문예출판사에서 출간한 종합시집이다. 편자는 박일교수이고 『레닌기치』 신문의 주필인 남해룡, 그림을 담당했던 김형윤, 그리고 기자이자 시인인 김철수와 한혜원이 교정을 담당했다. 1958년 8월 9일 발행, 448쪽의 46판(가로 12cm 세로 17cm)으로 정가는 6루블이었다. 조선시집에 대한 전체적인 내용과 발간 계기 및 목적 등에 대하여는 다음의 편자의 서문에 잘 나타나 있다.

"조선시집"을 조선인 독자들에게 소개들인다. 이 책은 따스껜트에서 열리는 아시야 및 아프리카 작가 콘페렌치야와 모스크와에서 열리는 카사흐 예술 문학 순간旬刊을 앞두고 출판한다.

"조선시집"은 조선 문학의 역사적 발전 계단들을 차례로 하였는 바 모두 삼편으로 나누이였다. 신라, 고려, 리조 시대의 걸작인 시조와 녀류작가들의 시를 모아 제일편의 끝으로 하고 실학파의 권위자들인 박연암, 정다산의 시와 조선의 위대한 풍자시인이오 계몽자인 김삿갓의 시를 선집하여 제1편의 끝을 맺앗다.

"조선시집"의 한문 번역시들 중에서 고대 조선 녀류작가들의 시는 리응수의 번역이다. 이 번역시들이 조선문학사의 연구에나 또는 장차 한문시의 번역에 적지 않은 도움을 주리라고 믿는다.

"조선시집"의 2편은 현대 조선시인들 작품 중에서 골라 넣엇으며 제 3편은 쏘련 조선인들의 시편을 소개하는 것이다.

국한된 지면으로 인하여 고대 또는 현대의 유명한 작가들의 시를 다 골라 실지 못하였다. 앞으로 큰 시집이 나오리라는 것을 기대하면서 후기회를 밀여둔다.

"조선시집"은 쏘련 조선인 독자들에게 여러가지 사느르로 된 시들을 소개하는 것이다. 조선의 시문을 연구하는 독자 여러분에게 한개 참고로 된다면 편자는 적이 만족하는 바이다.

위에서 보는 바와 같이, 『조선시집』은 우즈베키스탄의 수도 타슈켄트에서 열리는 아시아 및 아프리카 작가 회의와 모스크바에서 열리는 카자흐 예술 문학 순간旬刊을 앞두고 출판되었다. 책은 모두 3편으로 이루어져 있다. 1편은 신라, 고려, 조선 시대의 걸작인 시조와 여류작가들의 시를 모았고, 2편은 현대 조선시인들 작품 중에서, 제 3편은 고려인들의 시를 모아 편집하고 있다. 보다 구체적으로 말하면 1편에는 시조 51수, 여류한시 29편, 실학파 연암 한시 7편, 다산의 한시 2편 등 총 9편, 김삿갓 김병연의 한시 27편, 동요 9편, 민요 1곡 등 총 126편이 게재되어 있다. 2편에서는 김소월 11편, 이상화 3편, 조명희 7편, 김창술 2편, 류완희 4편, 조운 6편, 박팔양 5편, 박세영 3편, 조기천 6편 등 총 20명의 시인의 글이 실려 있다.

이 책이 지니는 의미는 1937년 중앙아시아로의 이주 이후 문학작품집을 한 번도 만들지 못한 고려인문화계의 염

원이 담겨져 있다는 것이다. 스탈린 시대 내내 조선인은 무국적 민족으로서 제약 받는 민족으로 전락하였다. 민족문화나 고려인 문화를 표방하기에는 너무나 제약이 많았기 때문이다. 1953년 스탈린이 죽고 후르시쵸프가 정권을 장악하는 데는 몇 년의 시간이 흘렀다. 1957년에 비로소 고려인들의 복권이 이루어지기 시작하고 소비에트 구성원으로서 자리를 찾았다. 그런 의미에서 『조선시집』은 민족어로 된 문학매체로서 최초의 결과물이지만 고려인들의 민족적 복권이 가시화되는 의미도 함께 지니고 있다. 고려인들의 감회는 이 때문에 남다른 것이다. 『조선시집』의 발간 이후 고려인문단은 점차 한글로 된 작품집이 간행되기 시작한다. 『조선시집』은 바로 고려인 작품집의 출발점이다.

2. 편집자 박일의 삶

박일은 연해주에서 태어나서 그곳에서 중등교육을 받았으며, 1937년 당시에는 레닌그라드에서 사범대학을 다녔고, 그 이후에는 카자흐공화국에서 철학과 교수로, 해방 후에는 소련파의 제4진으로 1946년 여름 북한에 입국하여 김일성대학 부총장을 역임한 인물이다. 또한 김일성에게 맑스 레닌주의 이념을 교수한 인물로 널리 알려져 있다.

지금으로부터 20여 년 전인 1992년 1월 카자흐스탄의 수도 알마티를 방문할 기회가 있었다. 처음으로 방문하는 중앙아시아 지역이라 더욱 가슴 설레였고, 특히 해방후 북한에서 고위진을 한 소련파로 알려진 정상진, 박일, 장학봉 등 여러 고려인들을 만날 수 있는 기회라 더욱 흥분되었다. 당시 만나 뵈었던 분 중의 한분이 『조선시집』을 편한 카자흐대학 철학과 명예교수인 박일이었다. 선생님의 강의를 카자흐대학에서 들을 수 있었고, 더구나 선생의 댁에 초청되어 그의 일생을 녹취할 수 있는 기회도 얻었다. 선생은 그 기념으로 나에게 당신이 소장하고 계시던 『조선시집』을 선물로 주셨고, 필자는 이 책을 고이 간직하면서 가끔 꺼내보곤 하였다.

박일은 당시 필자와의 면담에서 『조선시집』에 대하여 다음과 같이 언급하였다.

> 1950-60년대에 이곳에서는 한국문학 등에 대하여 말할 수 없었습니다. 그런데 나는 당원이었기 때문에 약간의 권리가 있어서 한국 시조를 번역했습니다. 북조선에서 한국말로 나온 시조를 얻어서 모두 러시아어로 13년 동안 번역했습니다. 지금 그 책은 여러 해 지나서 다 없어졌습니다.

여러 해 지나서 다시 출판하지 않아서…, 그리고 조선에 대한 문학, 철학사에 대하여도 썼습니다.

이장에서는 문맥에 문제가 있는 부분들이 있기도 하나 자료적 가치를 중시하여 박일과의 대담을 그대로 전재한다. 여기에는 그의 출생부터 현재까지의 이력이 잘 나타나 있다.

1) 박일의 인생역정

(1) 연해주에서 독립군 아들로 태어나다

저는 신해생 올시다. 1911년 5월 초하루날 메이데이생 올시다. 연해주 감자박꼴에서 태어났습니다. 저의 아버지는 박영호, 독립군이올시다. 보십시오, 제가 1911년에 났지요. 1910년에 우리 아버지가 장가를 들고 함경도 명천에서 좀 산으로 가는 산촌에 가 농군으로 있었지요. 그런데 일한합방이 있으니 의병에 들어가 독립군이 되었단 말이요. 그래 독립군이니 일본군이 막 들어서니 살 수가 없었지요. 가족을 데리고 두만강을 건너서 20Km 정도 되는 감자꼴로 왔지요, 모래밭입니다. 이곳은 러시아, 조선, 중국의 국경지대인 핫산호수에서 20여 Km 해삼위 쪽으로 가면 있는 농촌 마을입니다.

어머닌 벌써 나를 잉태하고 왔지요. 아버지의 말씀에 의하면 1910년 섣달에 월강을 했데요. 감자박꼴에 와서 땅굴을 파고 살다가 초막을 짓고 그 이듬해 1911년 5월에 제가 났지요.

아버지는 계속 독립군으로 활동하면서 만주, 연해주, 함경남북도 등을 다녔습니다. 일본놈들이 북조선 평양이북에는 좀 들어왔지요. 차츰 차즘 이북으로 왔지요. 그랬다가 1914년에 제1차 세계대전이 러시아에서 시작됐거든요. 러시아에서 살 수 없어서 아버지는 식구를 데리고 용정으로 왔지요. 1913년 말입니다. 그래서 1921년까지 용정에서 살았습니다. 나는 중학교(필자주 - 1921년 4월 15일에 조선 천주교인인 최익룡 등이 세운 학교)에서 공부했고 그때 한국말을 배웠습니다.

그때는 벌써 원동에는 국민전쟁이 계속되고 일본놈들이 계속해서 원동을 침략해서 군대를 가지고 있었지요. 아버지는 독립군이었으므로 간도에서는 쫓지, 원동에는 있지 못하지, 그래서 아버지는 우리 식구를 용정에 두고 피해서 원동 수청으로 갔습니다. 거기에는 홍범도 부대는 수청 남에 있고, 우리 아버지는 김좌진 부대에서 활동했습니다.

우리 아버지는 하바로브스크에서 볼로차예프카 전쟁에 참여하였습니다. 1921년 말에 일본군이 철수하고 22년에 원동에서 국민전쟁이 끝나자 우리 식구를 데려다가 연해주로 다시 돌아왔습니다. 그때부터 나는 지금까지 소련사람입니다. 그래서 1926년부터 1930년까지 소왕령(우수리스크) 근교 한인 마을인 육성촌에서 육성농민청년학교에서 공부할 때 1928년에 소설 낙동강을 쓰고 한국에서 망명한 작가로부터 한국문학사를 배웠습니다. 그 후 1930-1937년까지 원동 하바로브스크 고려촌의 7년제 학교에서 문학과 지리를 한국말로 가르치는 교원으로 있었습니다.

(2) 학문적 여정

1937년 강제 이주를 당하기 전인 1937년 6월 하순에 원동을 떠나 레닌그라드 국립사범대학에 갔습니다. 지금 말하자면 심리학부, 철학부에 다녔습니다. 소련 조국전쟁이 나기전인 1940년에 졸업하고 1940년부터 대학에서 역사, 철학 교원으로 있다가 1987년 가을에 연금 생활로 퇴직하였습니다.

1939년 겨울 소위 최우등생이라는 명목으로 레닌그라드 스몰리 궁전에 있는 스다노브강습소(고급당학교 학원) 맑스, 레닌주의 강사준비과에 추천을 받았습니다. 이곳에서 아홉 달 동안 공부하였습니다. 그리고 이곳에서 맑스, 레닌주의 강사 학위를 받았습니다.

1940년 3월에는 키르키즈 공화국 오쓰주 오쓰시(천산산맥의 하구에 위치) 교육사범대학에 맑스, 레닌주의 강사로 부임하였으며, 그곳에서 러시아어로 강의하였습니다. 오늘날로 말하면 오쓰사범대학 교수가 된 셈이죠.

1941년 6월에 공부를 마치기 위하여 레닌그라드 사범대학으로 다시 가서 형식적으로 국가시험을 치르고 사범대학의 졸업장을 받았습니다. 그리고 1941년 6월 22일에 조국전쟁이 시작되자 전선으로 보내 줄 것을 여러 번 청원하였으나 한국인이란 이유로 파견되지 못하고 레닌그라드에서 참호파는 일을 담당하였습니다. 1941년 7월 말 독일군이 레닌그라드를 포위할 무렵 레닌그라드를 떠나 모스크바 남쪽을 지나 9월 하순에 오쓰로 돌아왔습니다. 이 당시 오쓰대학은 병원으로 변해 있었으며 나는 이곳에서 중상당한 사람들의 치료를 도와주며 지냈습니다. 그 뒤 나는 키르키즈 공화국의 수도 프른제(오늘날의 비쉬께크)에 있는 고급중학교 교장으로 임명되어 1944년 7월 말까지 교장으로 근무하였습니다. 그런데 당시 중앙아시아에는 두 도시에 국립종합대학이 있었습니다. 타슈켄트 종합대학과 카자흐 종합대학이 그것이었습니다. 전자에는 서쪽에서 피난온 지식인들이 많아서 교수 자리가 비지 않았습니다. 그러나 후자의 경우는 젊은 대학 선생들이 많았는데 이들이 전선으로 나갔기 때문에 교수 자리가 많이 비어 있었습니다. 그리하여 대학이 문을 닫을 지경에까지 처하게 되었습니다. 카자흐 대학에서는 내가 비당원이지만 레닌그라드에서 공부하였고, 믿을 만 하다고 하여 1944년 8월 말부터 알마티 카자흐 국립종합대학 철학과 교수로 임명하였습니다. 이곳 프른제에서 카자흐 공화국의 알마티까지의 거리는 250Km였습니다.

1944년부터 1987년까지 나는 알마티 카자흐 국립종합대학 철학과에서 교수로 있었습니다. 그 중에 두 가지 연대를 불러주지요. 1941년부터 제가 지금까지 공산당원입니다.

(3) 김일성종합대학 부총장으로 일하다

1946년 9월에 평양으로 출발하여 1948년 2월 초순까지 평양 김일성 종합대학 부총장으로 있었습니다. 그 때 총장은 김두봉 선생입니다.

1946년 9월 3일인가 5일인가에 학교의 총장이 나를 부른다고 하여 총장실을 방문하였습니다. 총장은 나에게 모스끄바에서 민족조국에 가서 일하는 것을 반대하지 않는다면 보내주겠다는 지시가 있다고 하였습니다. 나는 이 지시에 따라 모스크바로 갔으며 그곳에서 1주일동안 조선에 가서 해야 될 일들에 대하여 교육을 받았습니다. 그리고 정치망명가라는 신분증 또한 받았습니다. 평양에 있는 소련군 참모본부에 가서 다시 1주일간 교육을 받은 후 김일성대학 부총장으로 임명되었습니다. 내 개인적인 생각으로는 내가 대학 교수 출신으로서 한국말을 잘하기 때문이었다고 생각됩니다. 나 외에 법학을 전공한 최기영이라는 교수가 있었는데 그는 한국말을 잘 할 줄 몰라 제외된 것 같습니다.

(4) 현재의 삶: 러시아여인과의 재혼

전쟁시기에 본처가 한국여자, 고려여자였는데 굶어서, 해산을 하는데 아이를 낳지 못하고 죽었습니다. 그것이 1943년 봄이 올시다. 그래 홀아비가 되었는데 어떻게 살겠는가. 그때 후르므루에서 나는 러시아 고급학교의 교장으로 있었습니다. 그런데 정부에서 젊은 정치 교양 사업을 하는 여자 당원을 그곳으로 보냈습니다. 한 반년 동안 있었는데 정이 들었습니다. 서로 맞아서 지금까지 같이 삽니다. 러시아 여자입니다. 아들이 둘이 있는데 맏아들은 한국 사람이고, 둘째 아들은 러시아 사람입니다. 내 아들들은 또 여기서 타타르 여자에게 장가들어서 또 잡종이 되었습니다. 내 한국 아들은 지금 모스크바에 가 있습니다. 화가입니다. 카자흐 대학 지리학과를 졸업하고 레닌그라드에서 6년간 미술대학을 다녔습니다. 그리고 러시아인 아들도 지리학과를 졸업했습니다. 석사가 되어서 지금 지리학 연구를 하고 있고, 알마티에 같이 살고 있습니다. 며칠 전에 새해를 맞을 때 보니까 아들 손자까지 모두 14명입니다.(박일의 1937년 고려인의 강제 이주에 대한 회고는 다음의 책을 참고바람. 박환, 『사진으로 보는 중앙아시아 고려인의 삶과 기억의 공간』, 민속원, 2018.)

이 작품에 대한 보다 자세한 설명은 다음을 참조바람

이명재, 『소련지역의 한글문학』, 국학자료원, 2002.

김낙현, 「구소련권 고려인 시문학의 현황과 특성」, 『어문연구』 32, 2004.

강정구 · 김종회, 「중앙아시아 한인의 공동작품집 「조선시집」에 나타난 민족적 정체성 고찰」, 『우리말글』 52, 우리말글학회, 2011.8.

박환, 『사진으로 보는 중앙아시아 고려인의 삶과 기억의 공간』, 민속원, 2018.

조선시집

조선시집

카사흐 국영 문예서적 출판사

크슬-오르다 1958 알마·아따

편자 박 일
Составитель Пак Ир П. А.

주필 남 해룡
그림 김 형윤
교정 한 혜원
김 철수

머 리 말

„조선 시집“을 조선인 독자들에게 들인다. 이 책은 따스껜트에서 열리는 아시야 및 아프리까 작가 꼰페렌치야와 모쓰크와에서 열리는 카사흐 예술 문예 순간을 앞 두고 출판한다.

„조선 시집“은 조선 문학의 력사적 발전 계단들을 차례로 하엿는바 모두 삼편으로 나누이엿다. 신라, 고려, 리조 시대의 걸작인 시조와 녀류 작가들의 시를 모아 제일편의 첫품으로 하고 실학파의 권위자들인 박 연암, 정 다산의 시와 조선의 위대한 풍자 시인이오 계몽자인 김 삿갓의 시를 선집하여 제1편의 끝을 맺앗다.

„조선 시집"의 한문 번역 시들 중에서 고대 조선 녀류 작가들의 시는 신 구현의 번역이오 김 삿갓의 시는 리 응수의 번역이다. 이 번역시들이 조선 문학사의 연구에나 또는 장차 한문시 번역에 적지않은 도음을 주리라고 믿는다.

„조선 시집"의 제2편은 현대 조선 시인들의 작품 중에서 골라 넣었으며 제3편은 쏘련 조선인들의 시편들을 소개하는 것이다.

국한된 지면으로 인하여 고대 또는 현대의 유명한 작가들의 시를 다 골라 싣지 못하였다. 앞으로 큰 시집이 나오리라는 것을 기대하면서 후기회에 밀여둔다.

„조선 시집"은 쏘련 조선인 독자들에게 여러가지 시느르로 된 시들을 소개하는 것이다. 조선 시문을 연구하는 독자 여러분에게 한개 참고로 된다면 편자는 적이 만족해하는 바이다.

편 자

고대 조선 문인 시편

고전 시조

시조는 우리 나라의 선행한 전통적인 민족적 시가 형식의 전통을 계승 발전시키면서 14세기에 출현하였음. 이시기에 작품과 함께 이름이 알려진 시조 작들:

우탁, 리조년, 리존오, 성여완, 최영, 정몽주, 리색, 길재, 원천석, 정도전, 이들의 절대 다수는 양반에 후손임.

14세기 말엽에는 사회 정치적 변동들이 있는 시기로서, 시기의 시조들에는 현실과 사회 력사적 변천을 반영한 내용의 작품들임

동창이 밝앗느냐
　　노고지리 우짖는다
소치는 아이들은
　　상기 아니 일어나냐
재넘어 사래긴 밭을
　　언제 갈려하나냐

남 만구

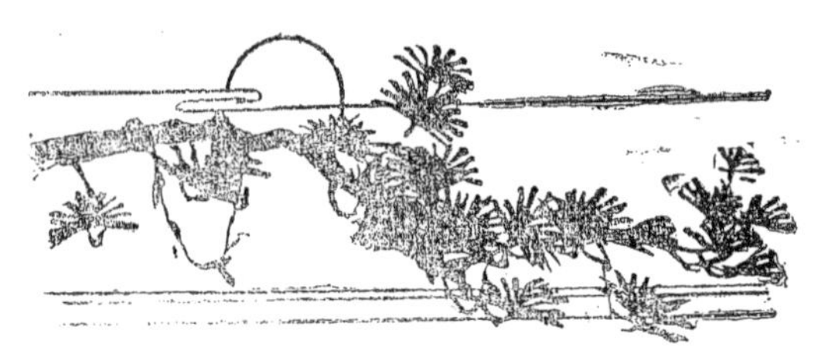

태산이 높다하되
　　하늘아래 뫼이로다
오르고 또 오르면
　　못오를리 없건만는
사람이 제아니 오르고
　　뫼만 높다 하더라

리 이

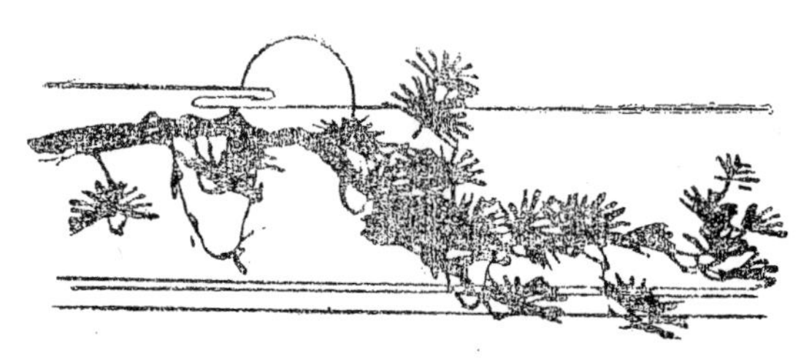

가마귀 싸우는 골에
　　백로야 가지마라
성낸 가마귀
　　흰빛을 새우나니
창파에 좋이 씨찼은 몸
　　더럽힐까 하노라

정몽주 모당

청산은 어찌하여
　　만고에 푸르르며
류수는 어찌하여
　　주야에 그치지안는고
우리도 그치지말고
　　만고 상청하리라

리 황

지당에 비뿌리고
　　양류에 내끼일제
사공은 어디가고
　　빈배만 매엿는고
석양에 무심한 갈매기만
　　오락가락 하더라

조 헌

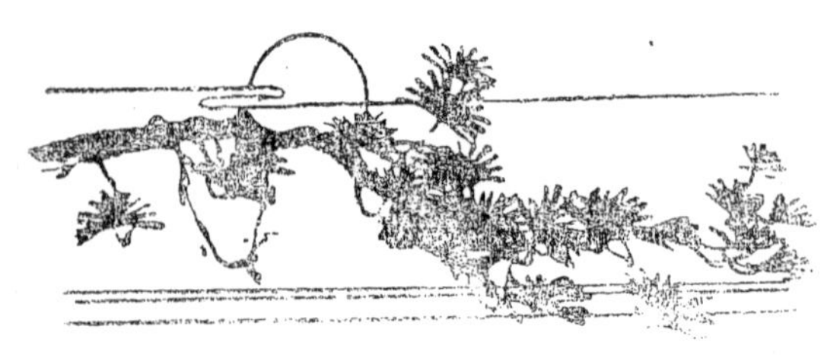

청산도 절로 절로
　　록수도 절로 절로
산절로 수절로
　　산수간에 나도 절로
이중에 절로난 몸이
　　늙기조차 절로하리

송 시열

이몸이 죽고 죽어
　　일백번 고쳐 죽어
백골이 진토되여
　　넉ㅅ이야 있고 없고
임향한 일편 단심
　　변할 길이 있으랴

정 몽주

높으나 높은 나무에
　　날권하여 올려두고
이보오 벗님네야
　　흔드지 말으소서
나려저 죽기는 섭지아느나
　　임못불가 하노라

리양원

한손에 막때 잡고
또 한손에 가시를 쥐어
늙는 길 가시로 막고
오는 백발 막때로 치렸더니
백발이 제먼저 알고
즈름길로 오더라

우 탁

샛별지자 종달이 떠ㅅ다
　　호미 메고 사립나니
긴숲을 찬이슬에
　　베잠방이 다젖엇다
아이야 시절이 좋을세면
　　옷이 젖다 관계하랴

리 명한

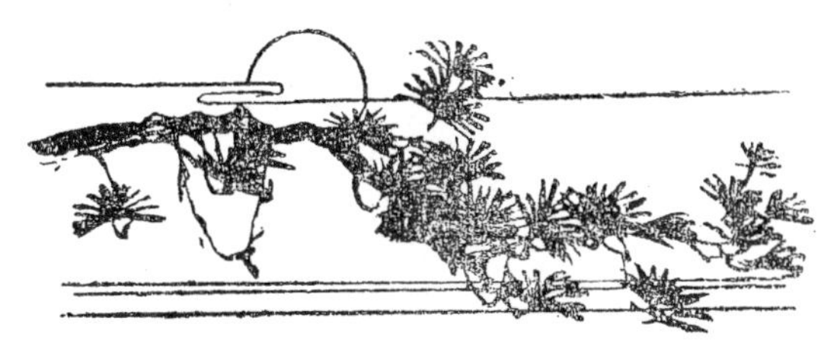

산은 옛산이로되
　　물은 옛물 아니로다
주야로 흐르니
　　옛물이 있을소냐
인걸도 물과 같아여
　　가고 아니 오더라

황진이

창안에 켯는 초ㅅ불
　　눌파 리별하엿관대
겉으로 눈물지고
　　속타는줄 모르는고
저 초ㅅ불은 날과 같아여
　　속타는줄 모르더라

리개

청산속 벽계수야
　　수이감을 자랑마라
일도 창해하면
　　다시 오기 어려워라
명월이 만공산한데
　　쉬어간들 어떨리

황 진이

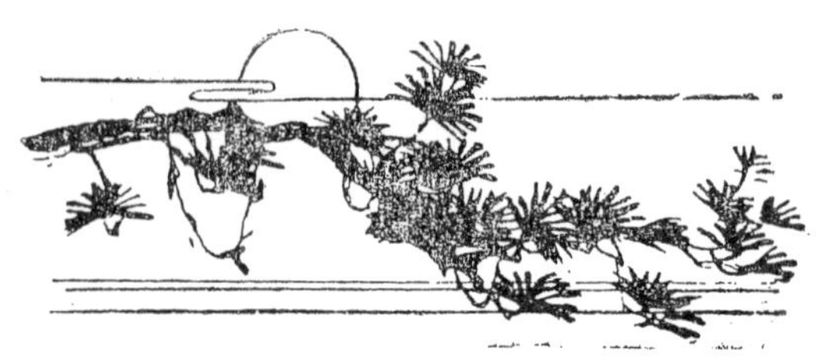

청춘 소년들아
　백발 로인 웃지마라
공번된 하날아래
　넨들 얼마 졂엇으리
우리도 소년행락이
　어제런듯 하여라

작자 미상

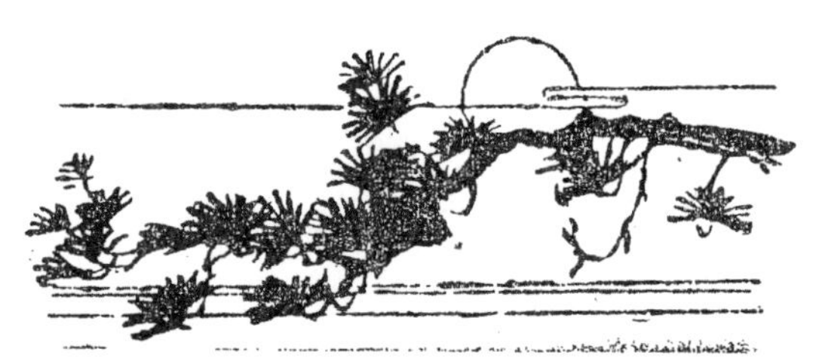

천지간 만물중에
　　사람이 최귀하니
최귀한바는
　　오륜이 아니온가
사람이 오륜을 모르면
　　불원 금수하리라

박 인로

이고진 저 늙은이
　　짐풀어 나를 주오
나는 젊엇거니
　　돌인들 무거우랴
늙기도 섧거든
　　짐조차 지실가

정 철

마음이 지척이면
　　천리라도 지척이오
마음이 천리이면
　　지척도 천리로다
우리는 각재 천리이나
　　지척인가 하노라

작자 미상

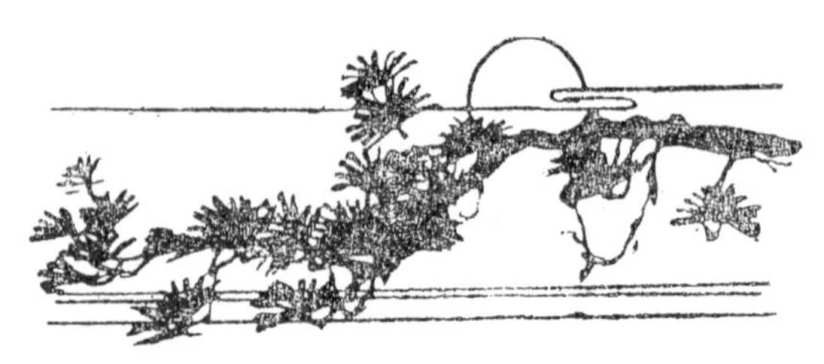

세상 사람들이
　　입들만 성하여서
제허물 전혀 잊고
　　남의 흉만 보는구나
남의 흉 보거라 말고
　　제허물을 고치과저

린평 대군

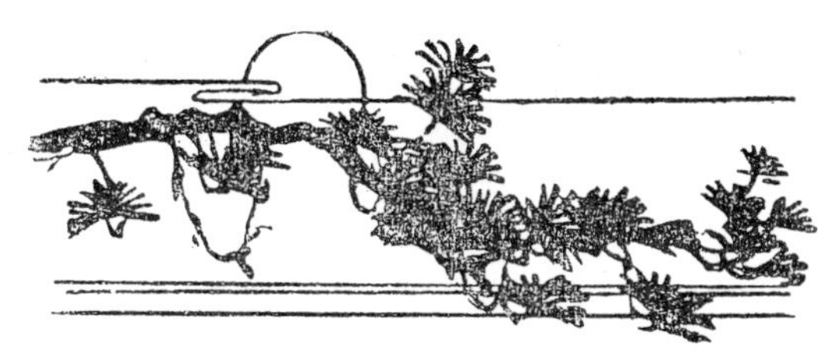

이몸이 죽어가서
　　무엇이 될고하니
봉래산 제일봉에
　　락락장송 되엿다가
백설이 만건곤할제
　　독야 청청하리라

성 삼문

나비야 청산가자
　　범나비 너도 가자
가다가 저물거든
　　꽃에서 자고가고
꽃에서 푸대접하거든
　　잎에서나 자고 가자

작자 미상

감장새 작다하고
　　대붕아 웃지마라
구만리 장천에
　　너도 날고 나도 난다
두어라 일반 비조니
　　네오 내오 다르랴

리 택

옥에 흙이 묻어
　　길가에 버렸으니
오는이 가는이
　　다 흙만 여기도다
두어라 흙이라한들
　　흙일줄이 있으랴

윤 두세

한산섬 달밝은 밤
　　수루에 혼자 앉아
큰칼을 옆에 차고
　　긴파람 하는차에
어디서 일성호가는
　　남의 애를 끊는고

리 순신

가마귀 검다하고
　　백로야 웃지마라
겉이 검은들
　　속조차 검을 소냐
속검으니는
　　너뿐인가 하노라

리 직

산촌에 밤이 드니
　　먼데 개 짖어 온다
사립을 열고 보니
　　하늘이 차고 달이로다
저개야 공산 잠든 달을
　　짖어 무삼하리오

천 금

송림에 눈이오니
　　가지마다 꽃이로다
한가지 꺾어내어
　　님계신데 보내고저
님께서 보신후에야
　　녹아지다 어떠리

정 철

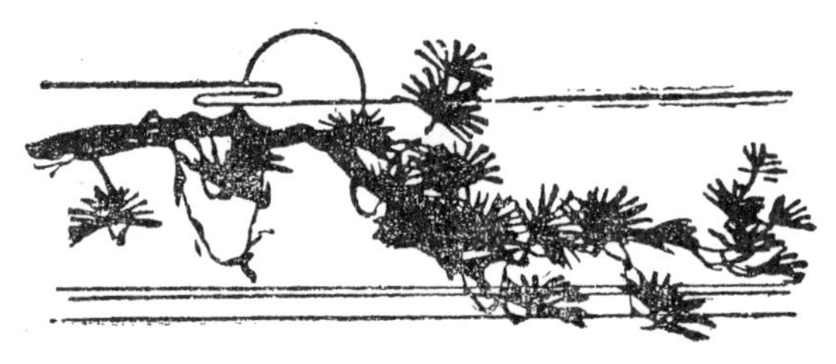

사랑이 기어떻더냐
　　둥그더냐 모나더냐
길더냐 짜르더냐
　　밟고 남아 재일러냐
하그리 긴줄은 모르되
　　끝간데를 몰라라

직자 미상

이런들 어떻하며
　　저런들 어떻하리
만수산 드렁츨기이
　　얽어진들 기어떻하리
우리도 이같이 얽어저서
　　백년까지 누리고저

태종 대왕

가마귀 너를 보니
　　애닯고도 애닯어라
너무삼 약을 먹어
　　머리조차 검엇느냐
우리는 백발 검는 약을
　　못얻을까 하노라

리 정보

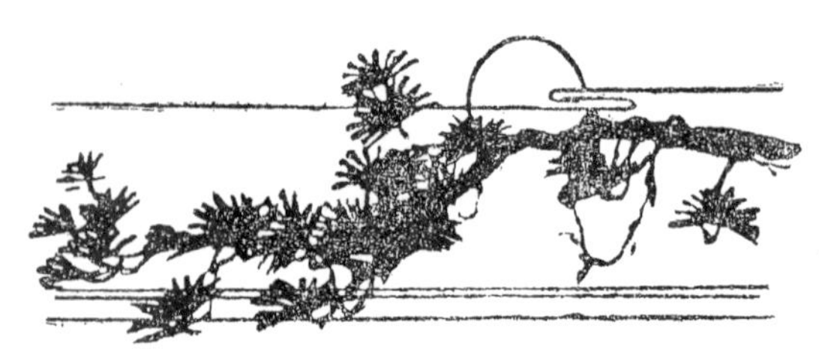

백설이 잦아든 골에
　　구름이 머흐레라
반가운 매화는
　　어느곳에 피엿는고
석양에 홀로 서있어
　　갈곳 몰라 하노라

리 색

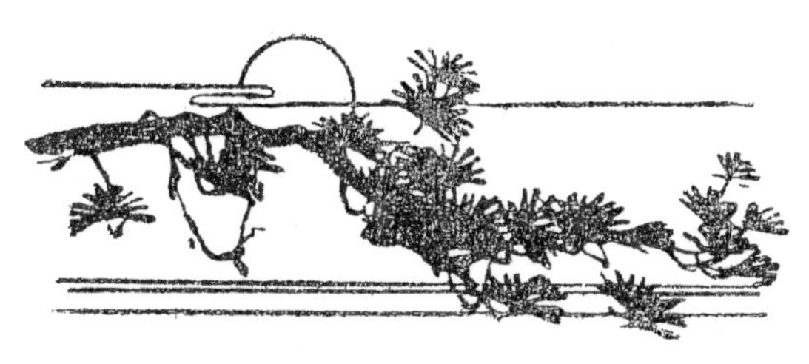

가노라 삼각산아
　　다시 보자 한강수야
고국 산천을
　　떠나고저 하랴마는
시절이 하수상하니
　　올동 말동 하여라

김 상헌

바람이 눈을 몰아
　　산창에 부드치니
찬기운 새여들어
　　잠든 매화 침노하네
아무리 얼쿠려한들
　　봄뜻이야 막으리

안 치영

동풍이 건듯불어
　　쌓인 눈을 다녹이니
사면 청산이
　　옛얼굴 나노매라
귀밑에 해묵은 서리는
　　녹을줄 모르고나

김 광욱

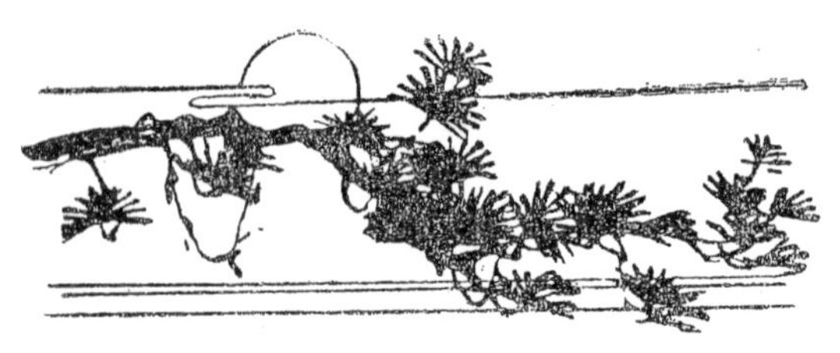

구름이 무심탄 말이
　　아마도 허랑하다
중천에 떠있어
　　임의로 다니면서
구태여 광명한 날빛을
　　덮어 무삼하리오

리존오

전원에 봄이 드니,
　　나할일이 전혀 많다
꽃남근 뉘 옴기며
　　약발은 언제 갈리
아이야 대뷔여 오녀라
　　사립 몬저 겨르리라

성운

록양이 천만사인들
　　가는 춘풍 매여두며
탐화 봉접인들
　　지는 꽃을 어이하리
아모리 사랑이 중한들
　　가는 님을 어이하리

리원익

십년을 경영하야
　　초로삼간 지어내니
나 한간 달 한간
　　청풍 한간 맡어두고
강산은 들데 없으니
　　두어두고 보리라

김 장생

가마귀 거므나다나
　　해오리 희나다나
황새다리 기나다나
　　오리다리 저르나다나
아마도 흑백 장단은
　　나난 몰라 하노라

김민순

하늘이 높다하고
　　발저겨 서지말며
땅이 두텁다하고
　　매이 밟지 마를것이
하늘 땅 두텁다 높다하되
　　나난 조심하리라

주의식

집방석 내지마라
　　락엽엔들 못 앉으랴
솔불 켜지마라
　　어제 진달 돋아온다
아히야 박주 산채망정
　　없다말고 내어라

한 호

천지로 장막 삼고

　　일월로 등촉 삼고

북해수 휘어다가

　　주준에 다혀두고

남국에 로인 성대하여

　　늙을 뉘랄 모르리라

리 안눌

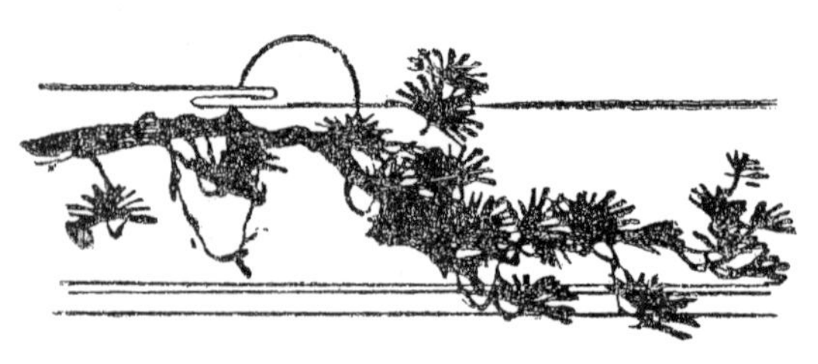

내마음 더러내어
　저달을 맨들고저
구만리 장천에
　번듯이 걸여있어
고은님 게신곳에
　비추어나 볼가하노라

정 철

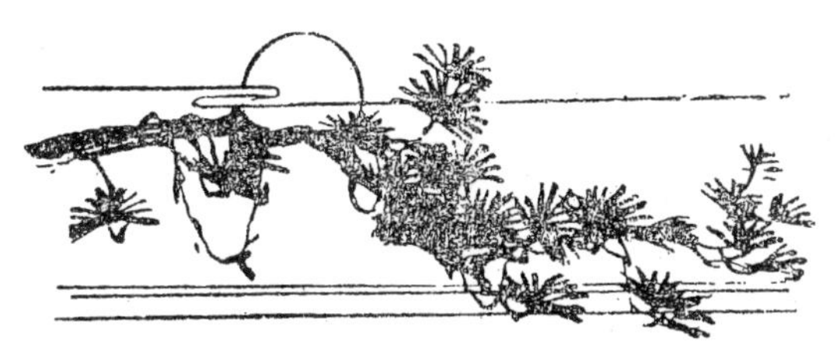

당시에 예든 길을
　　몇해를 바려두고
어듸가 단이다가
　　이제야 돌아온고
이제야 돌아오나
　　더듸ㄴ 마음 마라리

리 황

작은 것이 높이 떠서
　　만물을 다빚외니
밤중의 광명이
　　저만한이 또 있나냐
보고도 말아니하니
　　내벗인가 하노라

윤 선도

내 언제 신이 없어
　　님을 언제 속엿관대
월침 삼경에
　　온뜻이 전혀 없네
추풍에 지난 닢소리야
　　낸들 어이하리

황 진이

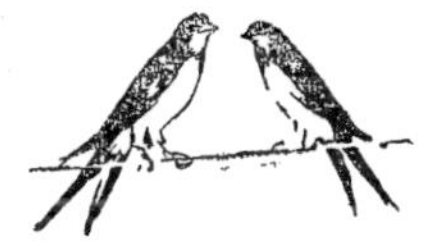

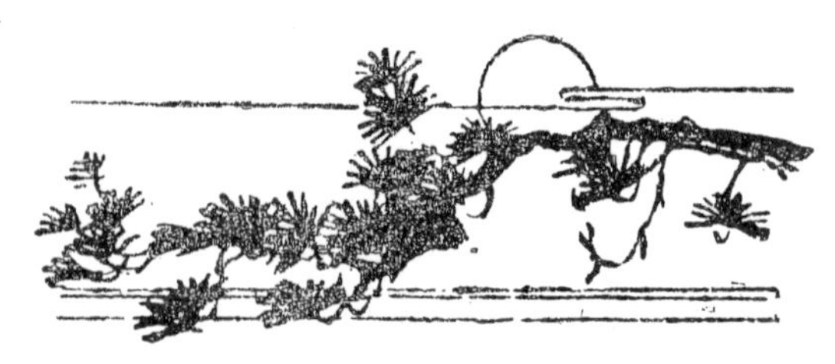

청초 우거진 곳에
　　자난다 누엇난다
홍안을 어대두고
　　백골만 무젓난다
잔잡고 권할이 없으니
　　그랄 셜어하노라

림 제

사랑을 사자하니
　　사랑팔이 뉘잇시며
리별을 파자하니
　　리별사리 뉘잇시리
사랑 리별을 팔고 사리 없으니
　　장사랑 장리별인가 하노라

작자 미상

솔이 솔이라하니
　　무삼 솔만 너겻난다
천심절벽에
　　락락장송 내기로다
길아릐 초동의 졉낫시야
　　거러불줄이 이시리

송 이

(주)졉낫—낫의 예ㅅ말

장송으로 배를 무어
　　대동강에 흘니띄워
류일지 휘여다가
　　구지구지 매엿시니
어듸서 망녕 엣거슨
　　손에 들가 하노라

구 지

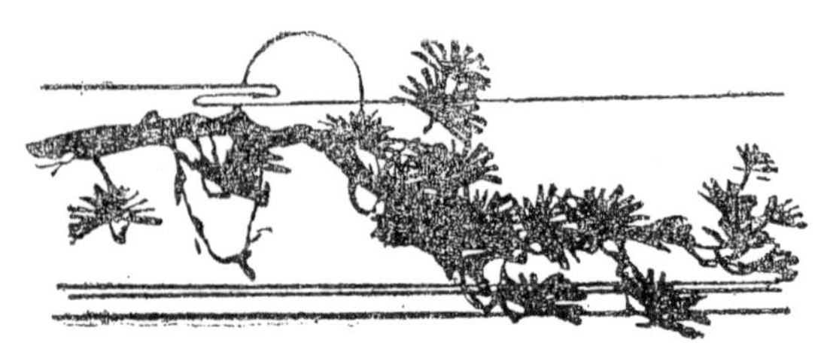

한자 쓰고 눈물디고
　　두자 쓰고 한숨디니
자자 행행이
　　수묵산수가 되거고나
저님아 울고쓴 편지니
　　눌너볼가 하노라

소 백주

(주) 수묵산수—먹으로 그린 산수화

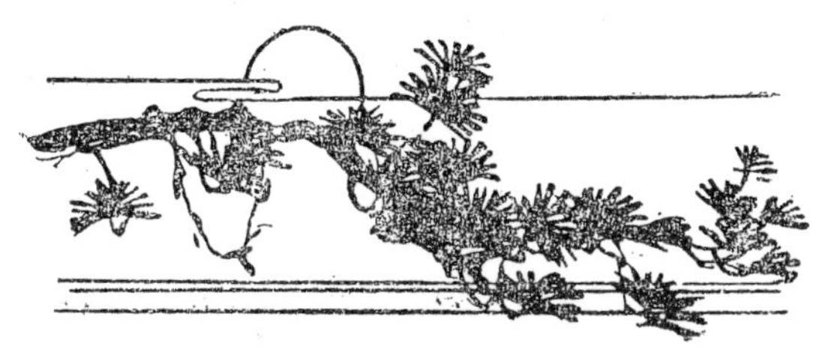

남하여 편지 전치말고
　　당신이 제오되여
남이 남의 일을
　　못일과저 하랴마난
남하여 전한 편지니
　　알동 말동 하여라

소 백주

(주)제오되여—제가 직접 올것이다

1443년에 김 종서 가 6진족을 격퇴 하고 읊은 시조:

삭풍은 나무 끝에 불고 명월은
눈속에 찬데
만리 변역에 일 장검 짚고 서서
긴 파람 큰 한 소리에 거칠
것이 없어라.

육진을 개척하고 돌아 올때:

장백산에 기를 꽂고 두만강에
말 씻기니
썩은 저 선비야 우리 아니 사나희냐?
어떨다 능연 각상에 뉘 얼굴을
그릴고
아니 사나 희야 대 장부가
아니 겠는가?

고전 조선 녀류시가 선집

게생

추사 (秋思)

비온뒤 랭풍이 댓잎을 부는 가을
밝은 명월이 루두에 걸렸어라
동방을 밤을 새워 버레 소리 차디찬데
일만가지 설음만이 가슴을 에워내네

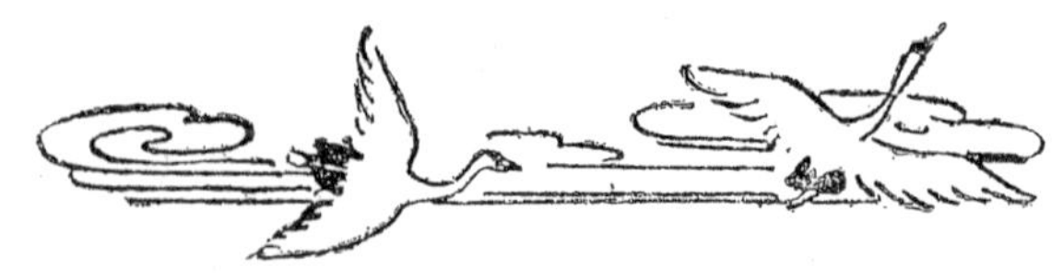

증취객(贈醉客)

님이잡은 라사적삼
손쉽게도 뀌여젓네
뀌여진건 무관하니
깊은정만 변치마오

자한 (自恨)

꿈을 깨고보니 풍우 소리 애를 태네
곰곰히 생각하니 갈길이 어려워라
은근히 구러대는 들뽀우의 제비여
언제나 님을 불러 옛집에 도라오렴

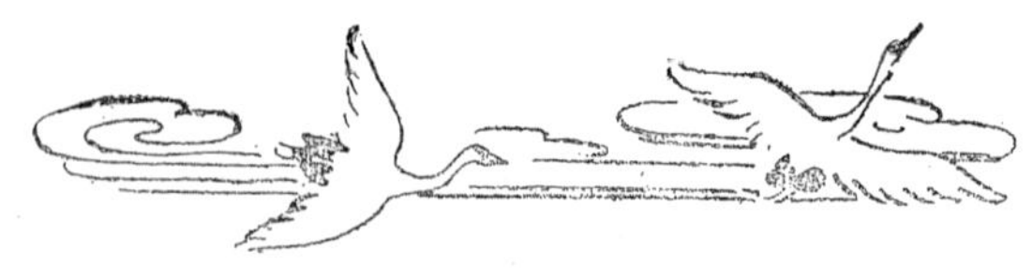

리옥봉

규정 (閨情)

오신다 하드니만 왜그리 늦이신지!
뜰앞에 매화가 떠러지랴 하올적에
깜작 놀래 드르니 나무에 까치우네
허사지만 거울의 고은 눈섭 그려볼가

별한 (別恨)

내일밤은 잘드래도 무관하오니
오날밤만 부디부디 기리를 주오
새벽을 재촉하는 닭들 소리에
두 눈시울에 눈물이 첩갈랠세

호운증기(呼韻贈妓)

이팔의 아리따운 적으마한 명창인데
모시적삼 가겹게도 힌살이 빛어나네
어여뿌다 계엽이 두 눈섭에 나직한양
명월하에 어느 누가 자고를 노래하노

(주) 계엽—앞머리에 꿎는 장식.
자고—곡조의 이름

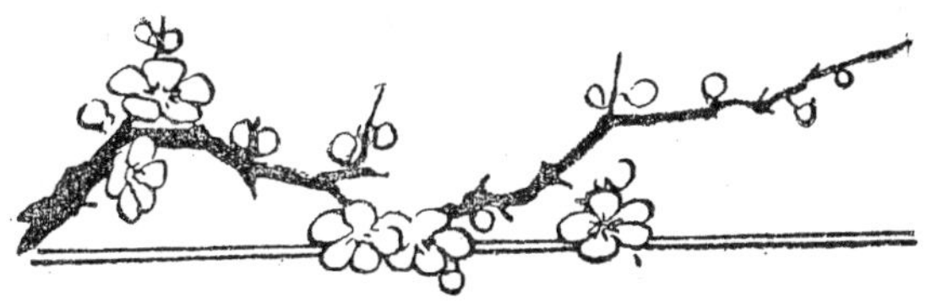

자적(自適)

처마물은 뚝뚝 빗소리는 보슬보슬
침점의 경한은 새벽에 더하여라
꽃떠러진 뒤뜰에 봄졸음은 달더단데
지저데는 제비는 창발을 열라하네

(주)침점ㅡ벼개와 삿자리

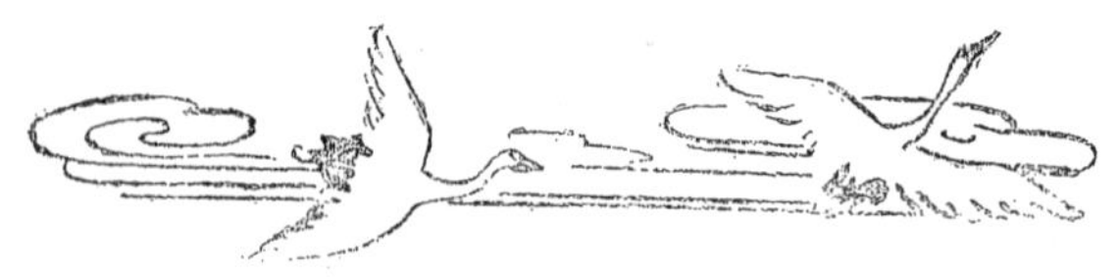

난설헌 허씨

채연곡(採蓮曲)

가을날 맑은 호수 맑은 물우에
연꽃핀 깊은 곳에 배를 매고저
물건너 님을 보고 연밥 던지다
남이 알아 반나절을 부끄려했소

연모음(戀慕吟)

기우러진 치마스처 썽진제빈 오락가락
락화는 분분하여 라의를 치고지네
동방 깊은 곳은 태우나니 남의 애요
초록강남 가신 님은 또따오질 아니하네

(주)동방—부인이 거처하는 깊숙한 방

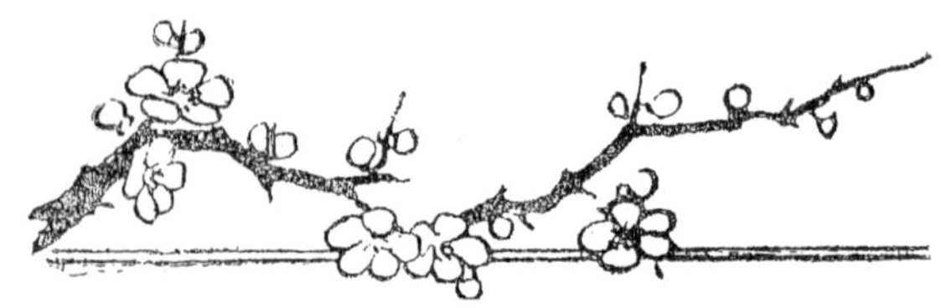

양류지사(楊柳枝詞)

양류에 안개 서린 파안의 봄이로다
해마다 가질 꺾어 가는 님께 드리나니
봄바람은 상리별을 알지를 못하는 듯
가는가지 스치어서 로질을 쓰러부네

(주)파안—서울 동쪽에 있는 내,

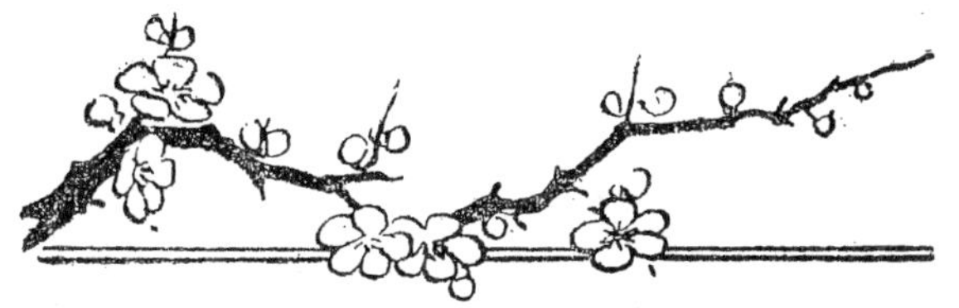

장씨

히우시(稀又詩)

인생 칠십은 고래로 드물은 일
칠십에 또 셋하니 드문중 드물세라
드물고 드물은 중 자손이 여렷이니
드물고 드문중에 또물고 드물세라

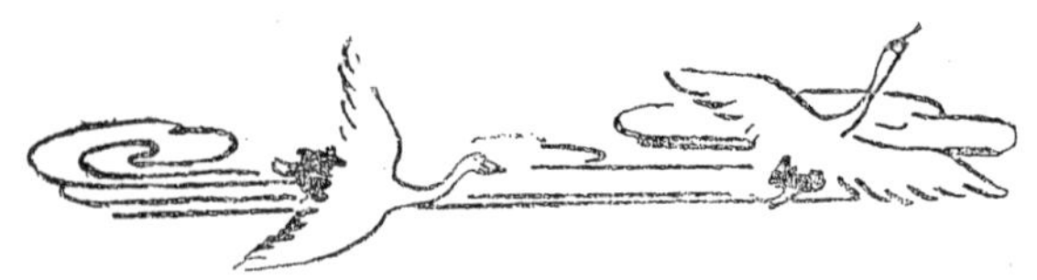

경신음(敬身唫)

부모님이 끼치신 몸이오매
감히 이몸을 더렵힐소냐
이몸 혹시나 욕메기인다면
부모님 욕메기임매 다름없다오

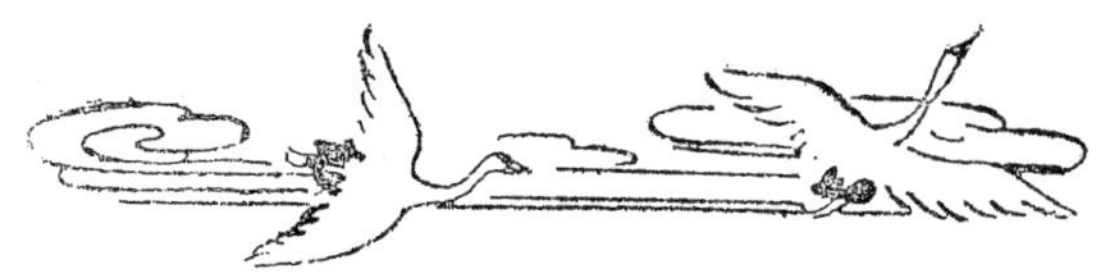

소소음(蕭々吟)

창 밖에 빗소리 부슬부슬
부슬부슬 그 소리 자연스러워
스스로 듣나니 자연성을
이내 마음 또한 자연스러워

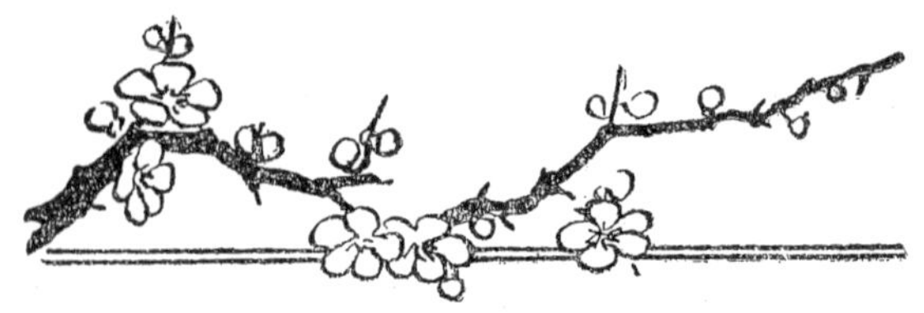

추사 (秋思)

하날은 물과갈고 달빛은 창창
나무잎은 우수수 밤드러 서리로다
십이상염 깊숙히 외로운 이내 신세
옥평풍에 수논 원앙 도료혀 부러워라

얼 현

(주) 십이상염—부인들이 거처하는
깊은 방.

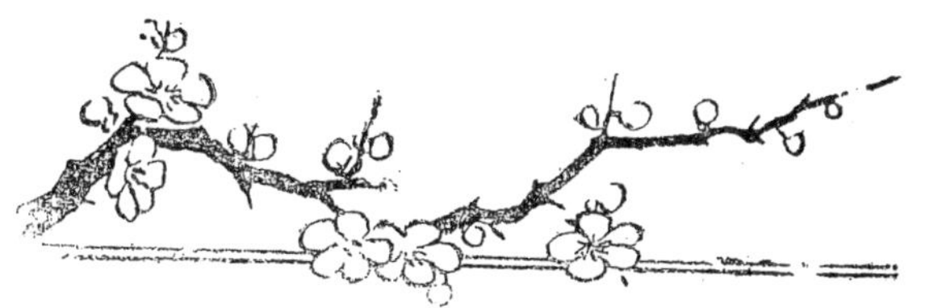

대동강상 송정인
(大同江上 送情人)

대동강상][배를 띄워 정든님 보내는데
천갈래 능수버들 가시는 님 [매지않네
눈물지며 바라보니 그눈역 눈물이오
애태우며 매해보니 그역 애타는듯

작자 미상

피레소리

바람은 불고 달은 서에지고
횡적은 뉘집인지 원한이 깊더 깊다.
떠러진 매화는 일곡을 전하고
꺾어진 수양버들 여음을 한하모다
표표히 회인이에 넌짓 불어들고
인인히 송객섬에 다못 통했구나
잔몽을 놀태깨니 구곡간장 외이는듯
고등은 꺼지라 밤은 음산코나

서죽 박씨

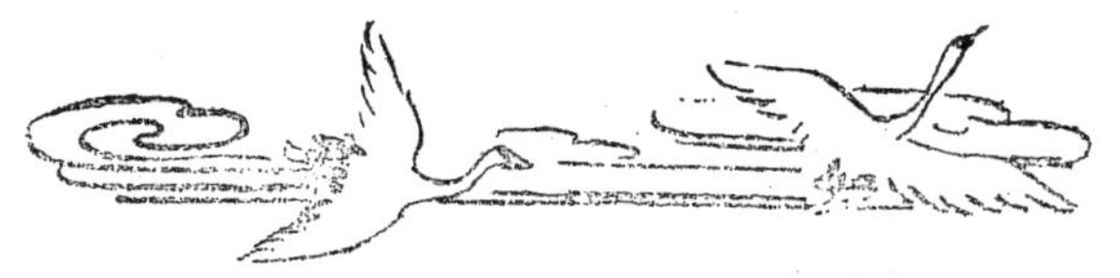

세월감을 느낌

좋은 세월 한것없이 헛되이 보냇나니
쉬ㄴ한해도 꿈갈애서 마치 어제갈다
밤중에 비탄한들 무슨도움 있으리오
내몸하나 닥어서 여생을 보내볼가

정일당

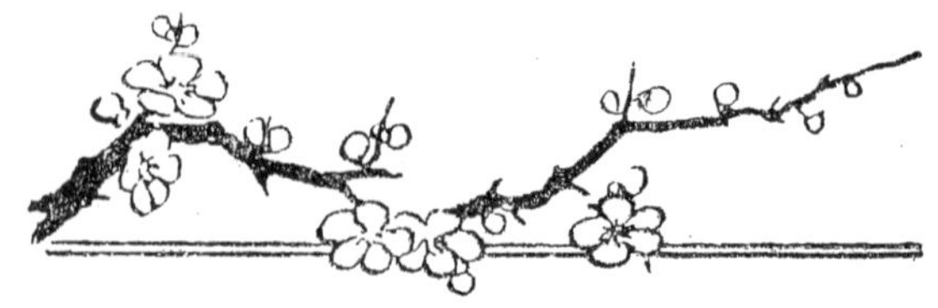

달구경

높이 돋은 초생달 가장 분명한데
한쪼각 찬란한 빛 만고의 정일세
한이 없는 세간을 오날밤 바라보면
한평생 우락함이 몇사람의 정인이런고

취 연

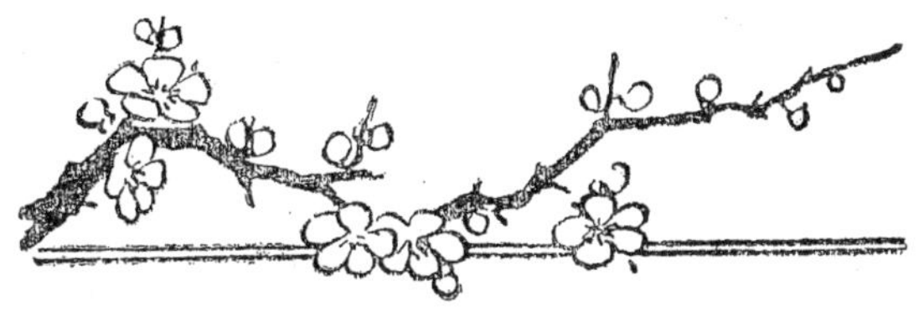

영 수함 서씨

가을 리별

손을 잡고 리별을 차마 못하는데
수수한 천만지름 궁진하질 아니하네
고개를 들고서 행진을 바라볼제
쓸쓸한 가을 바람 나부끼어 모타오네

늦은 봄

피끄리는 록수에 신청을 아뢰는데
방초는 우거저 삼춘이 다시온듯
버들은 조연띄고 한층더 푸르른데
밤비 맞은 꽃들은 그더욱 분명코나
가는 구름 흐르는 물 눈주니 자최없고
소죽은 바람맞어 소리소리 아름답다
루대에 높이올라 머나먼곳 바라볼제
고향 생각 무럭무럭 참을길 바이없네

(주) 신청—비온 후에 개인 하늘.
　　조연—아침 연기

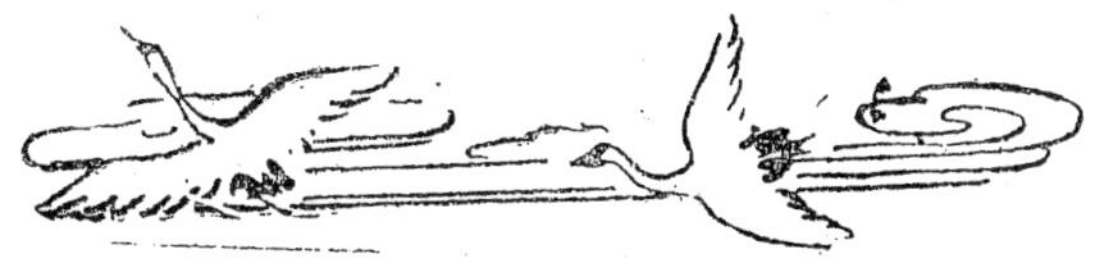

봄 생각

향로 타버리고 하날은 밝어올제
홀연히 드르니 창앞에 새가 운다
모래머리 지나는 비 어느산서 무더왓노
버들숲밖 곡포에는 조연이 모약모약
어지러히 꽃이 피니 별한이 더욱 슲고
거문고 뜨ㄷ고보니 춘수가 깊어가네
요금줄을 골라 강남곡 뜨ㄷ을적에
가락가락 리란이오 마디마디 채연일세

안 원

(주) 리란, 채연은 다 강남곡에서 나온 곡조

유 한당

차 영명(次永明)

서리는 네리어 하날은 넓더 넓고
눈은 날리어 산기는 맑더 맑다
올해도 저물어 랭풍은 일고
나를 도어 감회를 북도드네
형제가 혹은 동으로 서으로
떠나면 리정을 견디질 못하겟네
동양로 떠나면길 언제나 바라보니
슬음에 젖어서 좋아본적 아직없네
숲밖에 야조는 시끄럽게 우떠데어
며창을 새어드러 보다몬저 들며올때ㄴ
마을 저펴게 벽연은 이러나서
뭉게 뭉게 황혼속에 사라저 바리네
꿈에 도라가니 운로는 희미하고
넓며 넓은 한수는 쉬지않고 흘러가다
이러나 바라보니 장하는 맑은데

밤을 새여가며 곰곰이 생각하다
낙양 머나먼곳 천문만호 드러신곳
춘루는 청운속에 우뚝 솟앗도다
일행의 기러기 남으로 날을제
무리를 떠나잔ㅎ고 나는양 부러워라

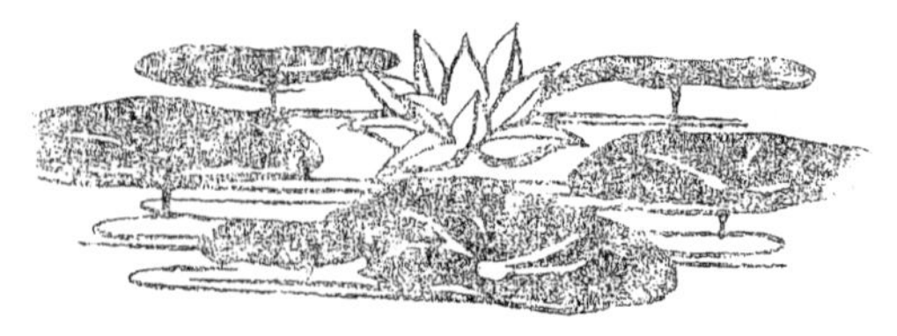

고루에 올라서

천리구름 바라보니 고향이 더욱 그려
고루에 비개인뒤 올라가 바라보니
짝지어 나는 제비 시절을 잘아는듯
호율로 섯노라니 가진 생각 애를 태네
가물가물 아지랭이 백일은 고요하고
애를 끄는 수양버들 석양은 비최어따
인생을 병과 싸워 청춘을 보냇나니
술마시고 지읍고으나 그더욱 괴롭고나

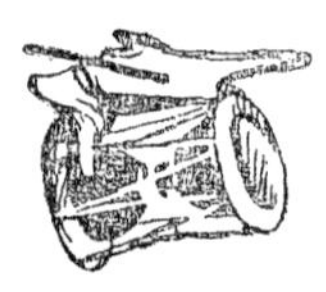

거사연(居士戀)

울타리 까치는 꽃가지에 재재ㄱ거리고
상머리 낮거미 방안에다 줄을 느리네
어여쁜 우리님 머지않어 도라를오렴
이내 마음 오늘 별로 그러하고나

행역자 처

(주) 거사연—행역자의 안해가 역사를 나간 남편을 그려하는 노래를 리제현(1287—1367)이 해지를 한 것이다.

연모시(戀慕詩)

말우의 저분은 누구집 도련님인지
이래 석달이 넘도록 모르옵더니
이제야 비로서 알앗소 김 태현인줄
가는눈 긴눈섭 암암히 내절에 드오

학자녀

김 태현은 고려 충열 왕때 사람으로 미남자엿고 동국문감이란 책을 지은 이다.

영두견화(詠杜鵑花)

간밤에 봄바람 부러들더니
한폭의 운금같은 꽃이 피엿네
이꽃 피는 곳에 새도 우나니
그양자 읊조울적에 애도태우네

정 씨

빈녀음(貧女吟)

두메라 외진곳에 찾는이 적고
산깊어 세상일 잊어버렸네
가난한 살림이라 술기 없으매
잘손이 한밤중에 도라를가네

림벽당 김 씨

마천령 우에서 읊음

거려거려 마천령에 다다러보니
가없는 동해바다 거울같고나
무슨일로 만리먼길 찾어오는고
죽사와도 우리님을 좇사오리라

송씨

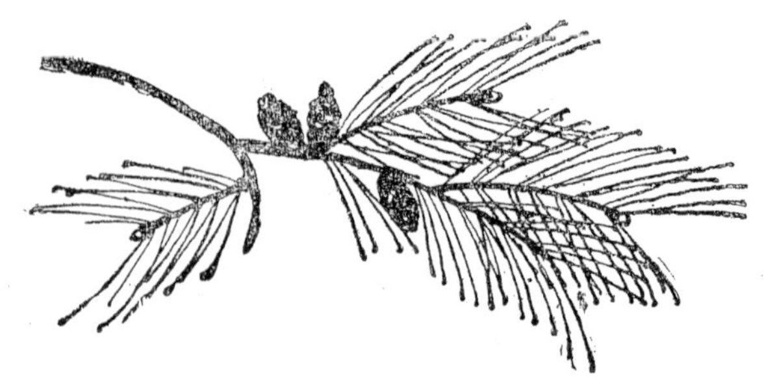

송행 (送行)

비파소리에 리정을 하소연 하랴니
서글프은 생각에 한가락 나지않고
하로밤 고명에 꿈만이 오락 가락
월라 고은치마 눈물이 여역고나

덕개씨

박연암시 7편

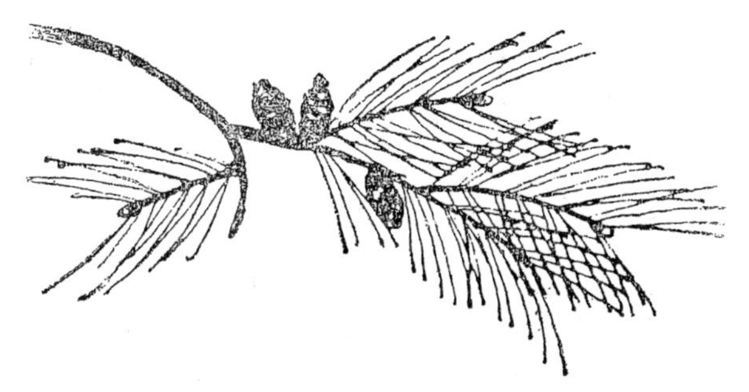

혹독한 추위

북악산 깎아 섰고
남산 송림 겹푸른데

새매 칼날 같이 날매
수풀은 놀랜듯 엄숙하며

백학이 긴 소리를 빼매
하늘은 희는듯 푸르메라.

을밀대에 꽃구경

봄날에 나비춤이
미친듯 희롱이라

너 보고 나무란 자?
내 보기엔 부질없다.

나비 끈 따라가면
꽃 핀데를 찾으리라.

청천 백일에
아지랑이 희미하며,

자맥 홍진에
온 서울이 들끓건만,

새마다 제 울음이요
꽃마다 제 빛이로다.

——00——

돌아가신 형님을 생각한다

언니의 모습이
그뉘 달마앗엇던고?
가신 아버지를 보랴면
항상 언니를 보앗더니,

그러나 이제는
언니를 어데서 보오리?
다만 언니 달마온 내 얼굴을
맑은 시내에 비추어 보노라.

좌소산인에게 준다

나는 보았다. 세상 사람들이
남의 문장을 칭찬하는 것을—
산문은 반드시 량한에 비기며
운문은 또한 성당과 같다고.

그러나 같다면 벌써 참이 아니거니
한, 당이 어찌 다시 있을손가?
그들은 낡은 투거리를 좋아 하나니
그 말이 용렬할건 고이치 않다.

그 칭찬을 듣는 자로선
한 사람도 얼굴을 붉히지 않는다
어리석은 자는 도리여 기뻐한다.
벌어진 입에 침이 흐르도록.

교활한 자는 „천만의 말씀!"하고
바로 30리나 피해 갈 듯이한다.

맥없는 수염쟁이 하도 황송하여
진땀을 흘리며 어쩔 줄 모르네.

나약한 자는 옆에서 부러워한다.
그 이름자에 사향내 풍긴다고.
시새는 놈은 공연히 노여워서
주먹을 불끈 쥐고 때려 주련다.

나는 이러한 칭찬을 듣고서
처음엔 얼굴가죽이 깎이는듯.
그러나 두번째 듣고선 맘껏 웃었다.
허리뼈가 며칠을 두고 시도록.

만번 떠들어 준들 나는 달갑지 않다.
그 맛이란 솜을 씹는듯 하여라.
바라지 않는 칭찬 지닐 수 없다.
그건 바람병처럼 견딜 수 없구나.

부질없이 샘내고 성내는 자여!
그럼 버릇 웃목에 잠간 밀어 두고
귀 기울여 내 말씀 들어 보련
그대의 불룩한 배 응당 가라 앉으리.

모방이란걸 시샘해 무엇하리?
그건 보지 않아도 부끄럼 솟아나네.

달음질 배우다가 앙금쟁이 되고요
찡김을 본받다가 추태만 보이느니.

비로소 알과라 그런 계수나무는
산 오동, 산 가둑나무만 못하이.
잔나비에 옷 입히고 갓 씌운들
그 누가 참사람이라 이르리?

죽정이와 재강이에 목구멍이 메질들
옥백미 한톨 값도 못 되느니.
자기의 창자가 더러운줄 모르고
종이와 붓에서만 아름다움을 찾는고야.

륙경의 글자를 훔쳐 쓰려는가?
이전 신사를 의세히는 쥐와 같으니라.
옛날의 말씨만을 주어엮으므로
고루한 선비 모두 벙어리 되난고야!

이는 마치 씹고 먹지못할 음식을
제단우에 줄지어 차린 것이니라.
이는 마치 본때없는 시골떠기가
갑자기 례복을 차림하는 것이니라.

눈앞에 벌어져 있는 모든 것이
진실이거니

어찌 반드시 먼 옛것을 모방하랴?
한, 당은 지금 세상이 아니거니
또 우리 풍요는 중국과 다르거니.

설혹 *반마가 지금 다시 살아온들
결코 반마를 배우지 아니하리라.
지금 새 글은 창조하긴 어렵다한들
자기의 의사는 극진히 써야 한다.

어쩌다 부질없이 옛법의 틀에다
조심조심 얽매여 있난듯 하뇨?
지금이 눈 아래라고 이르지 말아
뒷사람들은 우리를 쳐다보리라.

손, 오 병서는 다같이 읽엇건만
배*수진 아는 이 많지 아니하네.
남 가지않는 데를 골라 간 이는
홀로 *양적상인이 있엇너니.

나는 울화에 북바친 병든 몸으로
4년을 문닫고 앉으락 누으락.
이내 심사 몹시도 적막하더니
요조한 처녀 같은 그대 만낫어라

다정한 손 서로잡고 웃고서

외로운 등잔아래 며칠 밤 새웠네.
글을 평론함에 두 눈이 하나되고
술잔을 드니 두마음이 밝게 비치노라.

막혔던 나의 가슴 시원도 하이!
아마도 새냥과 계피를 씹은듯 하이!
평생에 고였던 두어오큼 눈물
감격과 함께 가을 하늘에 뿌렸나니.

***

대목은 나무를 다루건마는
벼름쟁이를 나무라지 않느니.
미쟁이는 쇠흙손을 잡거니
와장은 기와를 이우나니

그들이 비록 길은 다를망정
다 같이 크나 큰 집을 이룩하나니라.
시새는 자에겐 사람이 붙질 않고
너무 조촐한 자에겐 복이 오질 않느니.

원컨대 그대는 참된 도를 지키라
원컨대 그대는 대기를 호흡하라.
원컨내 그대는 천ㅂ울때 노력하여
우리 나라 문명의 문을 바루 세워 다오.

(주) 반마—후한의 반고와 전한의 사마천인데 모두 유명한 력사가이며 문장가임.

배수진—중국 초한 전쟁시기에 한신이 배수강물을 등지고 진을 친것.

양적상인—진나라 려불위인인데 본대 양적이란 지방의 큰 상인으로서 상업술에 능함.

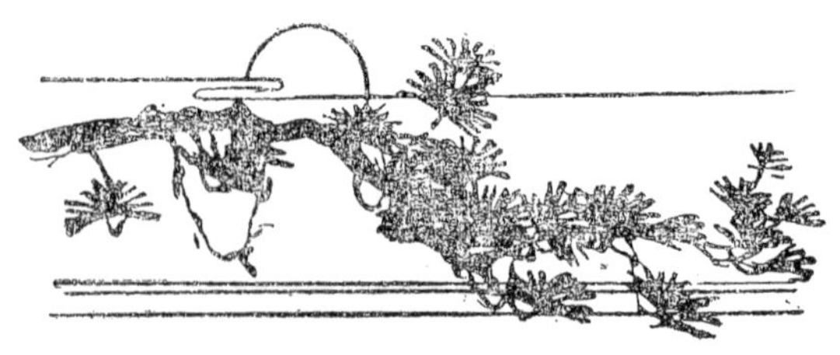

잠간 개인 날씨

한 백로는 버둘 뿌리에 나려 앉고,
한 백로는 냇가에 반뜻이 서 있네.

산굼텅이 검푸르고 하늘은 먹빛 같은데
수없이 나는 백로 공중에 번쩌기이네.

소탈 더벅머리 아이 냇뚤을 휘삽고,
고운 무지개 건너편에 날아 오르네.

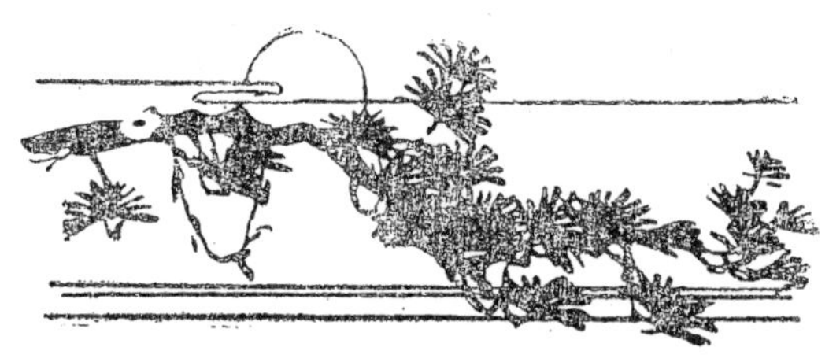

농가

새 쫓는 할아범 밭두기에 앉았건만,
개꼬리 조이삭에 참새떼 달렸네.

큰아들 작은아들 들에 나가고,
외딴 집 해종일 삽작문 닫혀 있네.

병아리 차려던 소리개 멀찌기 돌고,
고지꽃 핀 울밑에 뭇닭은 우짖네.

광주리 인 저 새댁 아마도 냇물을
건너는듯,
아이와 누렁이 앞서락 뒤서락 하네.

료동벌 새벽

넓고 넓은 료동벌이 언제나 다할고?
열흘을 가도 산 하나 못 보았네.

새벽 별은 말 머리를 스처날고
아침 해는 발고랑에서 떠오르네

정다산 시 2편

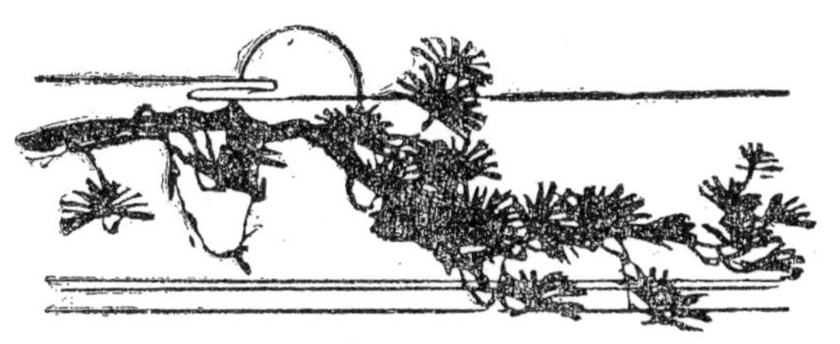

또한 상쾌하지 아니한가!

긴 장마 무더워 찌는 듯하다.
곤기에 부대낀 몸 늦도록 누엇더니
한 줄기 가을 바람 새로 불어와
그 넓은 하늘이 씻은 듯 맑으메라
또한 상쾌하지 아니한가!

돌을 쌓고 둑을 지어 막앗더니
내리고 내리는 그 물 머리 돌고만 있다.
삽가래 잡고 모래 섬을 터트리니
쏜살처럼 흐르는 소리 우뢰 갈더라.
또한 상쾌하지 아니한가!

주린 보래매 가죽끈을 발에 달고
사냥하고 돌아와 몹시도 곤한듯,
북풍을 향하여 풀고서 노아 보내니

망망한 하늘 끝에 마음까지 날아간다.
또한 상쾌하지 아니한가!

청강에 배타니 노 소리 삐걱삐걱
먹감은 해오라비 쌍으로 날더라.
급한 여울에 뱃머리 쏘는듯 한데
서늘한 바람이 봉창을 불며주네.
또한 상쾌하지 아니한가!

높은 산 오르매 다리도 피곤한데
겹겹이 덮인 운애 안계를 막더니
어느듯 한 줄기 서풍이 불어
만악 천봉이 일시에 드러난다.
또한 상쾌하지 아니한가!

파리한 나귀 바위길에 비틀거리며
돌서슬 나무 가지에 옷자락 찢었다.
나귀 바꿔 배타고 갑판에 걸앉으며
석양에 순풍 잡아 돛을 걸었다
또한 상쾌하지 아니한가!

강언덕에 나무잎 우수수 내리며
흰 물결이 검푸른 하늘을 걷어찬다.
서늘한 바람에 소매자락 펄펄 날리니

백학이 두 나래를 쓰담는듯 하여라.
또한 상쾌하지 아니한가!

이웃집 용마루 문턱으로 가로막아
더운 날 바람 없고 개ㄴ 날도 그늘진다.
돈주고 그 집 사서 당장에 헐었더니
먼산 높은 봉우리 차례로 늘어섰다.
또한 상쾌하지 아니한가!

지리한 긴 여름 더위에 부대끼워
땀채ㄴ 파초삼에 동허리 젖었다.
시원한 바람 불어 오고 소낙 비 쏟아지니
층암 절벽에 폭포수 줄줄이 내린다.
또한 상쾌하지 아니한가!

고요한 골짜기에 검은 밤 깊어지고
잔귀는 잠들고 짐승은 노닌다.
집채 같은 큰 돌을 딩굴려 떨어뜨리니
천길 벼랑에 벽력치는 소리 들리노나.
또한 상쾌하지 아니한가!

만호 장안 좁고 후더운 홍진속에
항상 병든 새 되여 롱안에 깃들었더니
채찍에 바람내여 성문을 벗어나매

들 빛 지새소리 말머리에 각득하네
또한 상쾌하지 아니한가!

한 잔 들고 화전지 펼쳐 놓고
묵움에 가는 비 그림을 보는듯
혓가래 같은 큰 붓 휘잡아 부르니
부용당 먹발에 룡사가 비등하더라
또한 상쾌하지 아니한가!

바둑의 승부를 내 일찌기 모르고
방관자 되여 부질없이 국외에 앉았더니
흑백의 싸움에 안타갑기 그지없어
팔 밀어 쓰고 보니 아무것도 없더라
또한 상쾌하지 아니한가!

대수풀에 달 빛이고 밤은 깊었는데
란간에 홀로 비겨 술병을 대했다
마시고 마시여 견드래 취한 다음
한 곡조 높이 불러 울분을 풀더라
또한 상쾌하지 아니한가!

백설은 호드날고 북풍은 불어오난데
여우와 토끼 숲 속에서 절름 거린다.
긴창 큰 활에 홍전립 눌러쓰고

끄리잡아 안장머리에 거꾸러 달더라
또한 상쾌하지 아니한가!

어옹이 이 배저어 창파에 둥실 떠스다,
밤들어 술 마시고 돌아갈 줄 모르네,
기러기 외마디 소리에 야트은 잠 깨고
보니
로화피 서늘하고 달은 활갈더라
또한 상쾌하지 아니한가..

밭 팔고 집 팔아 주린 사람 먹여 주고
타향에 나그내 되여 구름 같이 노닐더니,
저문날 길가에 불운한 친구 만나서
손잡고 주머니 털어 돈 한줌 주엇나니.
또한 상쾌하지 아니한가!

검은 독사가 보금자리로 들어간다.
놀랜 어미 까치 이 가지 저 가지에서
우짖고만 있다.
홀연히 긴 목에 긴 소리를 빼고 우는
모진 새는
제찬 톱으로 그 놈의 대가리를 움켜
잡앗다.

또한 상쾌하지 아니한가!

가위ㅅ 달 뜰 무렵에 거문고 안고 왔더니
애꾸진 구름 쪼각들이 하늘을 덮는다.
자리 걷고 손노누고 서거픠 돌아가랴니
홀연히 동산에 구름가고 달이 오더라
또한 상쾌하지 아니한가!

타향에 귀양살이 적막도 하여라.
려관에 밤들어 등잔만 돋우었다.
새벽 창머리에 편지 한장 떨어지니
거ㄷ봉에 쓰인 글씨 가서가 분명하다
또한 상쾌하지 아니한가!

죽일놈의 고양이

남산촌 한 늙은이
고양이를 길렀더니,
나먹고 띠들어서
요망하기 여우 같다

밤마다 온 집안을 쉴레며
비린 것은 사근사근이 뒤저 먹는다.
항아리를 뒤엎고 할르으며
단지 기명 모조리 다친다.

검은 그늘을 타고 기여 들어
이리 뛰고 저리 뛰노나,
지겟문 열고 소리처 꾸짖으면
어느듯 간 곳 없이 사라진다.

아이 불러 초ㅅ불 들리고
한번 휘둘려 살펴 보니,

더러운 자욱 부억에 가득차고
남은건 너울던 한두 저름뿐이다.

그 늙은 이는 그만 잠을 잃고서
생각에 지처서 한숨만 진다.
그놈이 짓알밉기도 하여
당장에 칼을 빼여 죽이련다.

하늘이 너를 어째 내엿드뇨?
백성을 위해 쥐를 잡으라고,
발고랑 쥐는 이삭을 짤라 먹고
집안의 쥐는 모든걸 쏠은다.

백성들 더우기 가난한 백성들은
밤낮으로 그들의 해를 입고서
병들고 헐벗고 굶주리며
피가 마르고 가죽이 마른다.

그래서 하늘은 너를 쥐의 로별자로
내며 보내여
죽이고 살리는 권력을 다 주엇
나니라,
밝고 금빛나는 한쌍 눈동자를 너에게
주어

그므로 밤에도 벼룩을 움킬만큼 하니라.

너에게 새매의 발톱을 주었고
너에게 호랑의 톱이를 주었고
너에게 날고 뛰고 물어 차는 용기를 주어
쥐가 보기만 해도 쩔쩔매고 „잡아 잡아 주소서" 한다.

하루에 백마리를 잡아 죽여도
그 누가 한 사람인들 감히 탓하랴?
보는 사람들은 다만 침이 마르도록 혓바닥을 두드리며
너의 날래고 용감한 자태를 한끼ㅅ 칭찬 하리라.

그렇기에 옛날 팔사제에
너의 선조를 한목ㅅ 위하였더니라,
누른 갓을 쓴 제관이 감사한 마음으로
큰 잔에 술 부어 제단에 올렸더니라.

그런데 너는 지금 어찌하여
한 마리 쥐도 잡지 아니하고,
도리여 그놈의 버릇을 배워
도적질에만 펄쩌기 날고 있난다?

쥐야 본래 좀도적이라
그 해독이 오히려 적건만,
너는 지금 힘세고 세력 높고 마음
조차 거칠거니
무슨 짓인들 못할소냐?

쥐들이 감히 하지 못하는 걸
너는 마음대로 하난고나!
추녀를 더위잡고 시렁에 오르고
뚜껑을 열고 바람벽을 무너뜨린다.

이제부터 뭇쥐들은
아무런 꺼림도 없이,
구멍을 나와 손벽을 치며
수염을 흔들고 소리처 웃는다.

그들은 고량 진미 모두 훔처다가
큰 목ㅅ이를 너에게 바친다,
그리고 네활개 쭈ㄱ 펴고서
너와 어깨를 가조런히 한다.

그들은 또 너의 버릇을 배운다.
떼를 지어 너의 구절을 든다,
북 치고 나팔 불고 큰 기 적은 기
휘두르며

„어라 쉬" 하고 너 앞잡이 되엿구나.

너는 커다란 장부기교에 올라 앉아
일산 바람에 교ㅇ무니가 날아 가는듯
너의 원쑤인 것을 까마케 잊어
버리고
도리여 충실한 졸도로 여기는 구나.

나는 지금 대장군 전을 꼽바 잡고
너의 대가리를 쏘아 깨뜨리고,
쥐 같은 좀도적 놈이야
차라리 두람 두려 한다

김삿갓 시선집

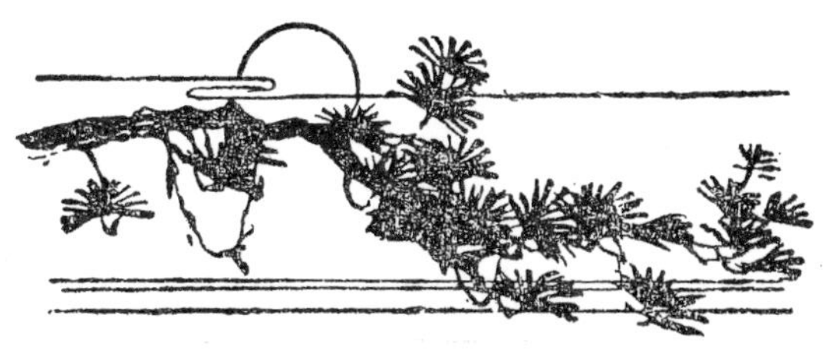

가난한 살림

세상 사람이 다 부자만 따라가고
가난한 사람을 쫓으려 안하니
누가 산촌에서 쓸쓸이 살아 가는
차고 여윈 사람을 기억이나 하겠나.

그러나 하늘 자연만은
빈부의 차이를 두㎝이 없이
이 오막살이 떠ㅅ집에도
따뜻한 봄빛을 골고루 보냇 구나.

가난한 집

밥상에 고기란 하나도 없어
채소만 잔득 권세를 부리고
부어카에는 나무가 없어
그 재화가 울타리에 미쳤다.

며느리와 시어미가 밥을 먹되
모두 한 그릇에서 먹고
아비와 아들이 문을 나설 때
옷을 서로 바꿔 입고 나간다.

비를만나 초가집에서 자고서

굽은 나무로 연목을 삼고
처마에는 티끌이 가득 붙은
말만한 방안에
겨우 일신을 용납했다.

내 물론 평생
허리 펴고 잘 신세가 못되나
오늘 이밤에는
다리도 펴지 못할 지경이다.

쥐구멍으로는 연기가 통하여
집 전체를 칠한것 같고
쑥'대 창에 처마가 내려붙어
밤은 갔으나 새벽은 안온다.

그러나 하루'밤

의판이 젖음을 면했나니
내 이집을 떠나면서
주인에게 거듭 사의를 표한다.

로상에서 걸인의 시체를 보고

성도 이름도 고향도 모를
그대 시체 우에
파리는 달려붙어 왕왕거리고
저녁 가마귀
외로운 혼을 부르며 날아간다.

한 동가리 짜른 지팽이는
그대 남긴 오직 하나의 유물이오
무어 되 남긴 쌀은
그대 생시의 전 재산이엿다.

내 앞 마을 여러 무리에게
한마디 말을 전하노니
몇삽태기 흙을 담아다가
이 불상한 시체에 풍상이나 가려주라

량반의 아들을 조롱함 (1)

모난 판에 긴 담배' 대를 문
량반의 자식이
맹자책을 사들고 소리처 읽는
그 모양 천연 갓생긴 원숭이요
그 목소리 흡사 와글거리는 개구리다.

그래도 늙은 중에게서
위엄 뽑는 법을 배워
때때로 호령을 치나
글에 있어서는
겨우 목동 앞에서
억지로 선생이라 뽑낼 정도!

그러니 만약
금년에 과거가 있게 된다면
저자를 내놓고 누가 급제를 할가.

량반의 아들을 조롱함 (2)

소리개를 보아도 무서워할 놈이
어룬이 되엿다고
큰 관을 버티고 다니는 꼴이
꼭 누가 배ㄷ아논 한알의 대초씨.

만약 성인이
다 요렇게 작다면
사람도 한배에 능히
오륙명을 낳을 수 있을게다.

산촌 훈장을 조롱함

산촌 훈장이 대단히 위엄이 많아
티끌이 앉은 관을 버티여 쓰고
가래춤을 탁! 탁! 요란히 배는는다

크게 천황씨를 읽는 애가
제일 높은 수제자나
그래도 풍헌님이라 불러주면
좋은 친구라 좋아한다.

매양 모를ㅅ자를 만나면
눈이 어둡다 빙자하다가도
문득 순배가 돌아올 때
나이가 많다고 먼저 먹으면서—

한갖 보잘 것없는 공방에 앉아
크게 생색을 내여 말하기를

금년 우리 집을 찾는 손님은
모두다 서울 량반이엿다 뻐긴다.

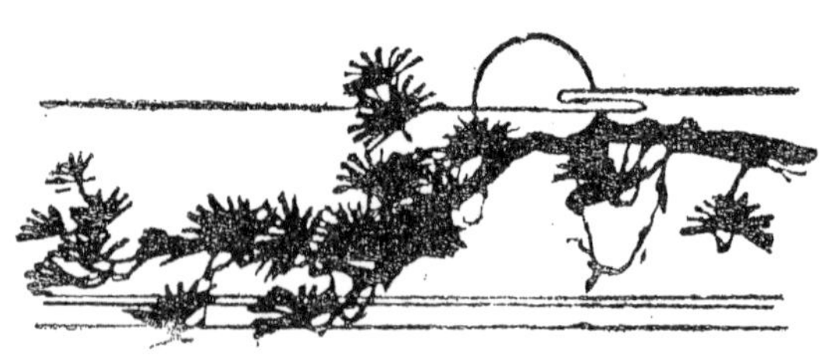

개성

고을 이름은 개성이라 하는데
왜 대문을 꽉꽉 닫아매며
산 이름은 송악이라고 하면서
왜 나무가 없다고 말하는가

황혼에 나그네를 쫓는 것은
인사가 아니오니
동방 례의지국에서
너 혼자 진시황같은 놈이다.

오경에 다락에 오름은
달 구경하렴이 아니오
세끼나 굶을은
신선 노릇하렴이 아니노라

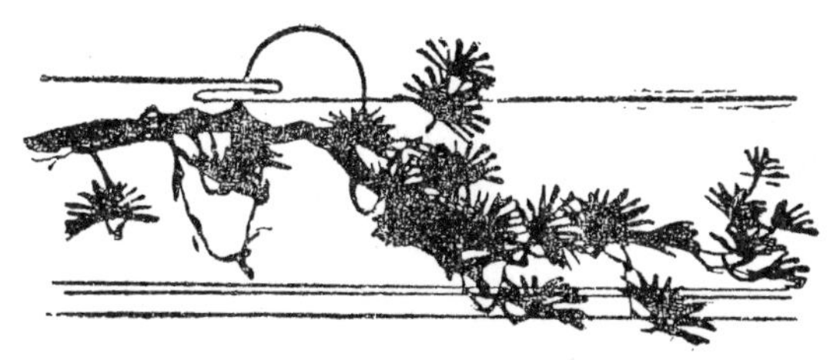

길주명천

좋은 고을 길주라 하나
조곰도 좋은 고을이 아니여
허가가 많이 사나
과객을 허하는 집 하나도 없다

밝은 강 명천이란 지방에
사람은 전혀 밝지 못해서
고기밭이란 어촌에
고기란 꼬리도 볼수없다

늙은 령감

누가 오래 사는게
오복에 든다 말하엿나
오래 살면 욕스럽다 말한
요제가 귀신같이 알앗다

옛날 친구는 다
돌아 못올 손이 되여가고
젊은 사람은 끝없이
새로 생겨나는데

근력은 소모해
항상 앓는 소리요
위장은 허핍하여
미식만 생각하나
젊은 아낙들은

어린애 보는 것을
괴로운 줄 모르고
일없이 논다고
자주 애기를 가져온다.

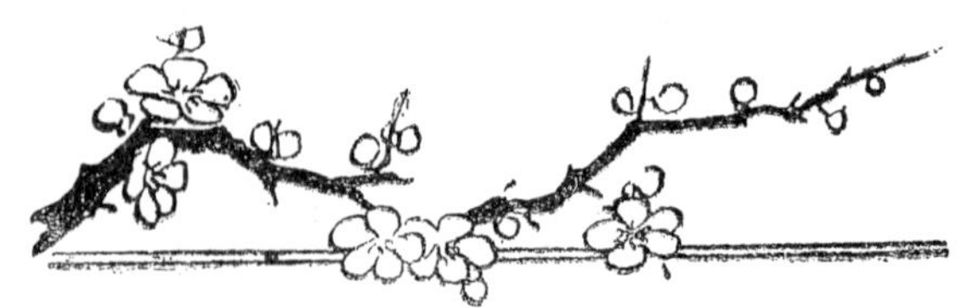

삿갓

빈 배와 같은
거뿐한 삿갓을
한번 쓴지 평생
사십년이 흘렀다.

목동이 들에서 소 먹일때
이를 써야 제 생색이 옳게 나며
고기잡는 늙은이도 이것을 써야
본색이 나타나나니

나 또한 취하여서
꽃나무에 갖다 걸고
흥이나면 벗어 들고
다락 우에 오르노니—

속된 자의 의관이란 다 의식일 뿐

오로지 이 삿갓을 쓰고 있을 때
온 천지 풍우도 근심이 없다.

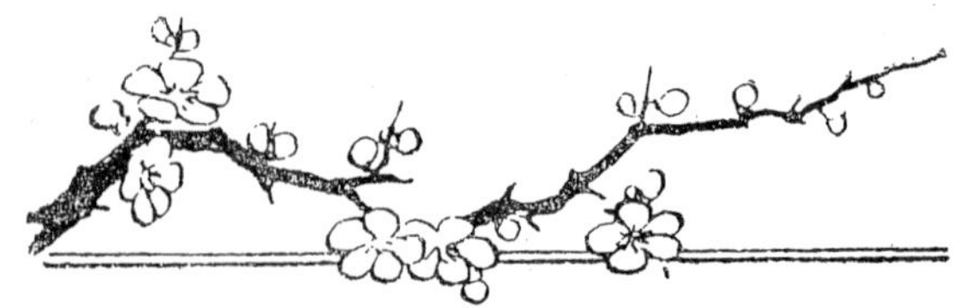

돈

천하를 돌아다니되
다 환영하여
나라를 일으키고 집을 일으키는
그 세력이 가벼ㅂ지 않다.

갓다가 다시 오고
왓다가 다시 가는 사이에
산 사람을 능히 죽이고
죽을 사람을 능히 살구어.

아무리 장사라도 이게 없으면
종시 힘을 못쓰며
바보라도 이것 있으면
반드시 이름을 떨치니—
부자는 잃을가 무서워하고
가난한 사람은 얻으려고 애써

몇천 몇만 사람이
이속에 늙어가나.

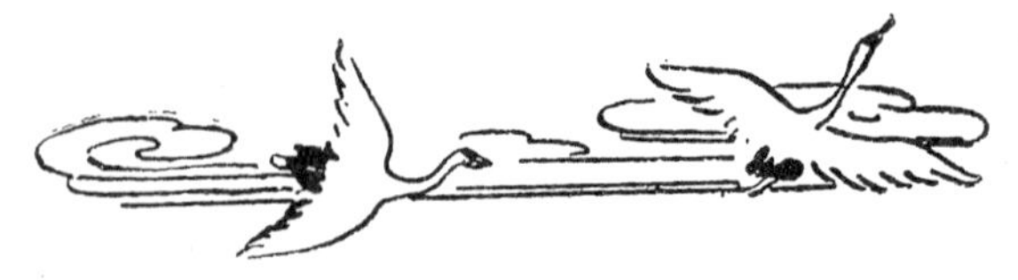

엿적

어느 하늘 선녀가
젖 하나를 잃어버려
그릇 인간 세상
굴방에 떨어졌나.

여러 제자들이 모여와
두손으로 어루만지니
부끄러움을 못이겨
눈물을 뚝뚝 떨군다.

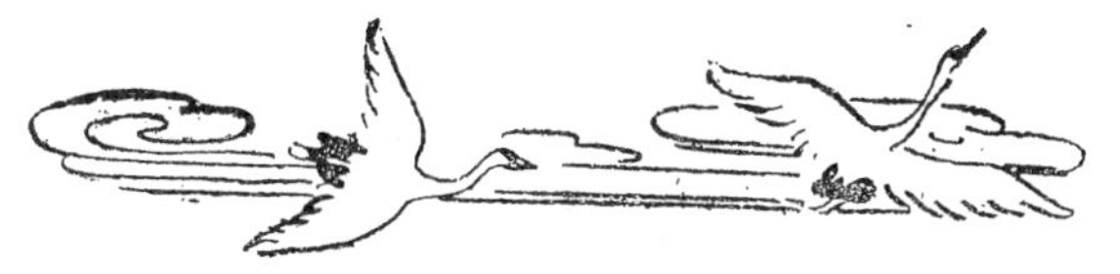

매

만리 하늘을
지척같이 날아
저산에 번뜩하다
이산에 와 머물다.

수풀에서 토끼를 차는
그 웅장한 모습
마치 관우가
오관을 나갈 때 같다.

고목나무

천년 묵은 고목의
가지는 겨우 무셋!
처창한 그 모양이
동남을 향해 섰는데,

늙어빠진 속은
대같이 비여
봄이 와도
반쪽만 검푸르네.

혼은 까마까치에 붙여
길이 구렁에 머물고
룡같이 서린 그림자는
못 속에 음산히 누워—

평생 비바람을

수많이 겪ㄱ었으나
구태여 지난 날의
괴로움을 말치 않다.

푸른 산이 물속에 거꾸러와 누웠다

허름한 소반에 놓은
죽이 어찌나 멀건지
하늘과 구름이 얼른거려
주인은 자주 미안하다 말한다.

그러나 주인이여
조금도 무안해 말 것이
내 죽 속에 누운 청산을
도리여 즐기며 먹소이다.

눈

천황씨가 죽엇나
인황씨가 죽엇나
일만 나무 푸른 산이
모두다 복을 입엇다.

그리고 또 래일
태양까지 조상 온다면
집집의 처마도
눈물을 흘리리라

여름구름

한 뫼뿌리 두 뫼뿌리
서너 뫼뿌리!
다섯 뫼뿌리 여섯 뫼뿌리
일곱 여덟 뫼뿌리!

어느새 잠간 동안에
천만 뫼뿌리 되니
구만리 장천이
이 모두다 뫼뿌리라.

강까의 집

뱃머리에 고기가 뛰니
운이 석자요
뜰 앞에 뫼뿌리가 높으니
복이 만종이다.

바로 창 앞이 류수터
어린이는 참새 깨끗하며
꽃이 방안에 날아들어
늙은 안해까지 향기로워지다.

대ㅅ구맞추기

승—그림자가 록수에 잠겻으나 옷은
젖지 않앗고
렵—꿈에 청산을 딸텃으나 다리는
앓브지 않다.

승—가을 구름이 만리에 빼ㄷ혓는데
마치 희ㄴ 고기 비늘이
련한 것같고
렵—천년 묵은 고목 나무 가지가 쭈ㄱ
내빼ㄷ친 것이 마치 사슴
뿔이 높이 올려민 것같다.
승—떼ㅅ까마귀(봄 가을에 떼지어 하
늘을 덮는 갈까마귀)그림
자 속에 일천 집 마을의
저녁아 가려젓고

립—한 기러기 울음 소리에 사해의
가을이 들어있다.

승—구름은 나무ㅅ군 아이 머리 우에
서 불어 일어나고
립—산은 빨래하는 아낙네 손 안에
들어와 울더라(방망이 소리에
따라 산이 메알이 울리는
것을 말한다)
승—달이 희고 눈이 희니 천지가 다
희고
립—산이 깊고 밤이 깊은데 나그네
수심도 또한 깊다.

---

*) 대ㅅ구 맞추기는 김립이 금강산 어면 중과 대ㅅ구 화답한 시다.
(주) 승—중
립—김 삿갓

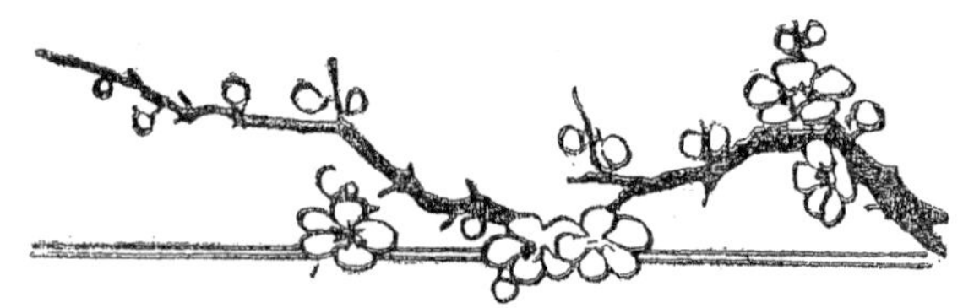

금강산 (1)

다리 아래에
동서남북 길이 갈리고
지팽이 머리에
일만 이천봉이 솟았다.

그리해 이 일만 이천봉에
오늘밤 달까지 뜬다면
음달 처처의 산승들이
부채 몸블르 할 것이다.

금강산 (2)

물만 있고 돌이 없으면
물이 평범하고
돌만 있고 물이 없으면
돌이 신기롭지 못하다.

그런데 이따에
돌이 있고
또 겸하여 물이 있으니
천지는 조화를 짓고
내 시를 짓는다.

금강산으로 들어갔다

푸른 길 구름 속으로 들어가니
루마다 루마다
시인의 걸음을 멈추다.

날아내리는 폭포는
아! 룡의 조화요
솟아 오른 뫼뿌리는
아! 창검의 정신이라.

나무 위 신선학은
몇 천년을 묵었으며
물 가의 푸른 솔은
몇 백길이나 자랐나.

때에 절간 승려는
내 몸잡의 뇌곤함을 모르고

자며 없이도 요란히
종 소리를 울리더라

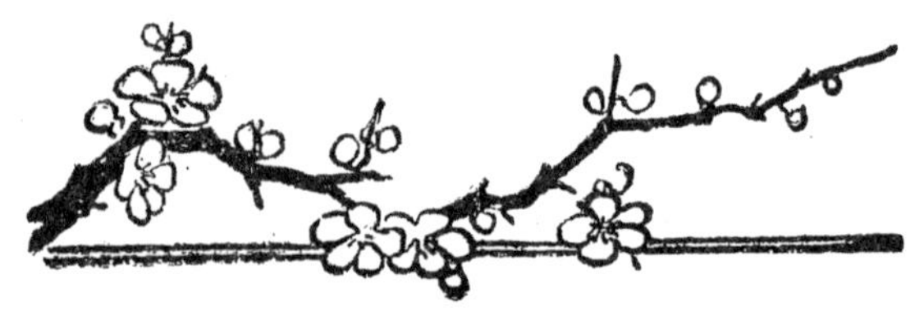

과부에게 주는 시

나그네 베개가 소조하여
꿈자리가 사납더니
이밤 시괴면 칼날이
내 사랑을 비치다.

솔나무 대나무는
천고에 푸르르나
삼월달 홍도야
한때가 아니련가

옛날 왕소군도
북쪽 땅에 묻히고
천하 미인 양귀비도
마외역에 죽엇나니

사람이 본래
목석이 아니어든

오늘밤 그대여
정을 아끼지 말라.

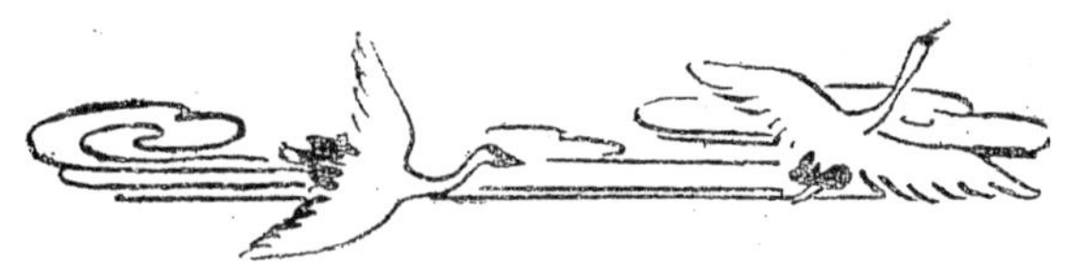

가을바람에 미인을 찾아 왔다 만나지 못하다

리별한 뒤 잊기어려
옛 사랑을 찾아오니
그는 이미 죽어 백골이 되고
내 머리 또한 희여 백발이되다.

그대 쓰던 거울은
봄이언만 차디차고
내 불던 피리도
밤밤인데 소리 그쳤다.

일찌기 부른 사랑의 노래—
귀제곡과 채조장은
지금 생각하매 다—
한때 꿈이어니

그래 내 추억의 땅에와
고운 얼굴 못보고
수레를 멈춘 뒤에
들꽃을 사랑하노라

안해를 잃고 스스로 슬퍼하노라

서로 만난 것도 늦었거든
리별은 또 웨 그리 빨라
채 즐거움을 맛보기도 전에
슬픔만 이리 긴가

그대 제사 술은
잔치날 남은 것을 썼고
그대 장사 옷도
신행 옷을 입혔나니

창앞의 예ㅅ나무에
복숭아 꽃이 만발하고
발 바까른 새둥지에
제비가 쌍쌍으로 즐길 때

죽은 안해의 성품을
장모에게 물었더니
내 딸은 떡과 제주를
다 겸했다 말하더라

한식날 묵무이 울리 읊은 노래

십리 모래 언덕 우에
사초가 푸른데
소복 입은 녀자의
곡소리가 노래 같다

슬프다 오늘
묘 앞에 부은 술은
서방님 생전에
손수 지은 벼이더라

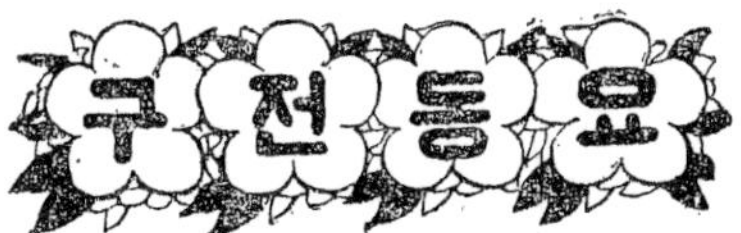
구전동요

호랑 장군

앞산에서 우는 호랑
뒤'산에서 우는 호랑
따웅따웅 우는 호랑
힘도 세다 호랑 장군
　　눈이라도 등잔눈
　　발이라도 메통발
　　허리라도 구시허리
　　꼬리라도 삼단꼬리
배고파 우는 아기
엿보질랑 말고서
이웃 마을 량반네를
하나둘 물어가렴

——00——

호양제 군사

이 거리 저 거리 장거리
호양제 군사 삭ㅅ군사
도르매 쩍쩍 장도칼
칠월 팔월 무서리
동지 서ㄷ달 대서리

---

*) 우리 나라를 침범한 녀진족 군대의 무능함을 풍자한 노래이다.

(주) 장거리—싸움터.
호양제—수양제.
도르매—매미의 일종

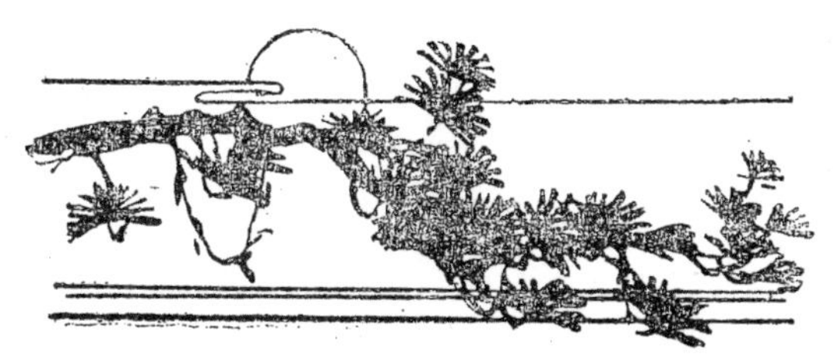

우지 말아

우지 말아 우지 말아
오는 장날 장에 가면
돈 안받는 엿집에서
엿 사줄께 우지 말아

눈

서울 량반 귀밀눈
암행어사 퉁방울눈
고을 군수 모밀눈
악한 지주 뗬개눈
일만 백성 새'별눈

뻐꾸기야

모춘삼월 늦은 봄
앞뒤' 동산 뻐꾸기야
왜 그리도 슬피우니
우리 애기 잠깨리라
　봄이 왔다 안 알련들
　콩 있으면 못 심겠니
　젖 안난다 야단치던
　이 애 깨면 어찌하리

종달새

종달아 종달아
어디로 가네
산천 간다
무얼하러 가네
새끼 치며 간다
몇배 쳤니
삼배 쳤다
나한배 주렴
에헤 네까짓 것 왜 줘
삣 쵸루루

구 구 새

밤에 우는 구구새야
무엇이 슬퍼 우냐
구장놈이 때려서
분해서 울지

밤에 우는 구구새야
낮에 못울고 밤에 우느냐
낮에 울면 구장놈이
짓몰가봐 밤에 운다

구구새야 구구새야
네 신세도 내 신세도
그 어디다 비할소냐
이놈 세상 왜 태났나

종달아

느티나무 가지우에
종달종달 금종달아
관을 쓰고 앉았으니
너는 량반인게구나
　그까짓 량반
　개 팔아 두 량반
　내 머리에 쓴 것은
　내게서 생긴 털관이다

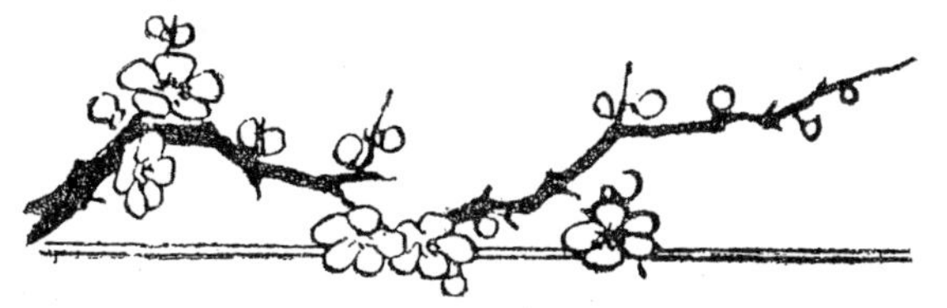

단풍잎

불깃불깃 단풍잎들
한잎 두잎 따모아서
우리 오빠 장가들제
나팔바지 지어줄고

누릿누릿 단풍잎을
한잎 두잎 따모아서
우리 누나 시가갈제
떡지저골 지어 줄고

민요

나물캐기

간데' 집 칠월아
이웃집 옥순아
나물캐러 가자
　　첫닭울이 밥해 먹고
　　세홰울이 길떠난다
시시당' 골 들미나리
빛갈 좋은 미욱초
돌아보니 도라지
겨러 보니 겨루지
말아 보니 마루리
　　드는 칼로 쏙 베다가
　　끓는 물로 싹 데처서
　　기름사네 집에 가서
　　기름 사오고

당추사네 집에가서
당추 사오고
마늘사네 집에 가서
마늘 사오고
장사네 집에가서
장 사오고
깨장사네 집에 가서
깨 사오고
온갖 음식 다해놓고
온저놓고 거러놓고
아부님도 잡숴보소
어머님도 잡숴보소
잡수시다 정 싫거던
우리에게 돌리시오

(주) 사네는 장사네란 말

현대 조선 문인 시편

김소월시 11편

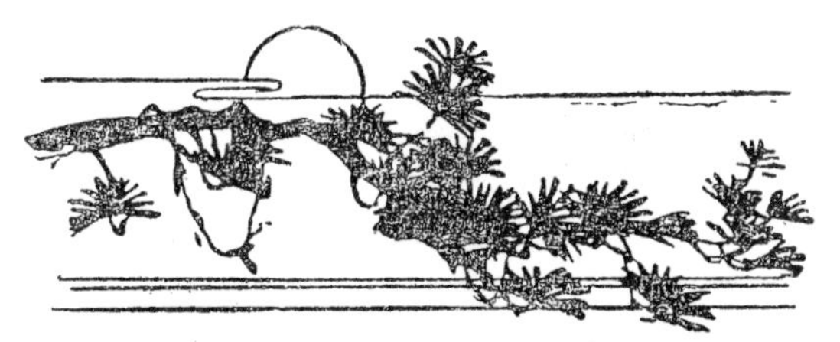

금 잔 디

잔디
잔디
금잔디
심심산천에 붙는 불은
가신님 무덤가의 금잔디.

봄이 왓네, 봄빛이 왓네
버드나무 끝에도 실가지에.
봄빛이 왓네, 봄날이 왓네
심심산천에도 금잔디에.

달맞이

정월 대보름날 달맞이
달맞이 달맞웅을 가자고
새라 새옷은 갈아 입고또,
가슴엔 묵은 설음 그대로,
달맞이 달맞웅을 가자고!
달맞웅 가자고 이웃집돌!

산우에 수면에 달 솟울 때,
돌아풀 가자고 이웃집들!
모작별 삼성이 떨어질 때
달맞이 달맞웅을 가자고!
다니던 옛동무 무덤가에
정월 대보름날 달맞이!

만리성

밤마다 밤마다
온 하룻밤!
쌓았다 헐었다
긴 만리성!

진달래꽃

나 보기가 역겨워
가실 때에는
말없이 고이 보내 드리우리다.

녕변에 약산
진달래꽃
아름 따다 가실 길에 뿌리우리다.

가시는 걸음걸음
놓인 그 꽃을
사분히 지레밟고 가시옵소서.

나 보기가 역겨워
가실 때에는
죽어도 아니 눈물 흘리우리다.

——00——

님의 노래

그리운 우리 님의 맑은 노래는
언제나 제가슴에 젖어 있어요.
긴 날을 문밖에서 서서 들어도
그리운 우리 님의 고운 노래는
해지고 저무도록 귀에 들려요,
밤들고 잠 들도록 귀에 들려요.
고이도 흔들리는 노래가락에
내잠은 그만이나 깊이 들어요
고적한 잠자리에 홀로 누워서
내 잠은 포곤이 깊이 들어요.
그러나 자다깨면 님의 노래는
하나도 남김없이 잃어 버려요
들으면 듣는 대로 님의 노래는
하나도 남김없이 잊고 말아요.

——00——

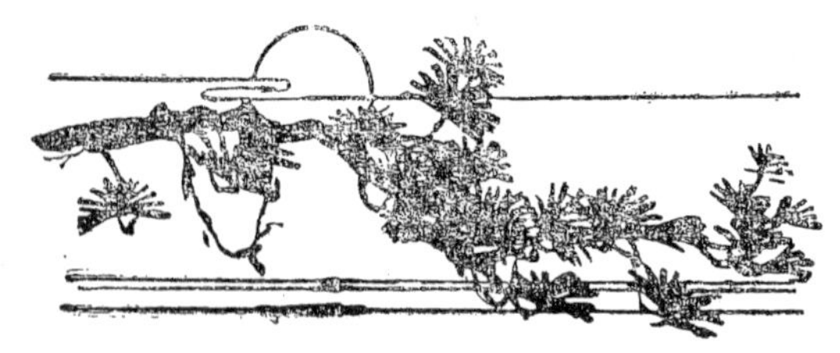

산

산새도 오리나무
우에서 운다
산새는 웨 우노, 지메 산골
령 넘어 갈랴고, 그래서 울지?

눈은 내리네, 와서 덮이네
오늘도 하루ㅅ길
칠팔십 리
돌아서서 륙십 리는 가기도 했소?

불귀 불귀 다시 불귀
삼수 갑산에 다시 불귀.
사나이 속이라 잊으련만
십오년 정분을 못 잊겠네.

산에는 오는 눈 들에는 녹는 눈.

산새도 오리나무
우에서 운다!
삼수 갑산 가는 길은 고개의 길!

칠석

저기서 반짝 별이 총총,
여기서는 반짝, 이슬이 총총,
오며 가면서는 반짝, 반딧불 총총,
강변에는 물이 흘러 그 소리가 돌돌
이라.

까막까치 깃 다듬어
바람이 좋으니 솔솔이요,
구름필 속에는 달 떨어져서
그 달이 복판 깨여지니 칠월 칠석
날에도 저녁은 반달이라,
까마귀 까왁ㄱ, „나는 가오". 까치 째ㄱ
째ㄱ „나도 가오".
„하느님 나라의 은하수에 다리 놓으러
우리 가오.

아니라 작년에도 울엇다오 신틀 오빠가
울엇다오
금년에도 아니나 울니라오,
베틀 누나가 울니라오".

„신틀 오빠, 우리 왓소.
베틀 누나, 우리 왓소".
까마귀떼 첫문안하니 그 문안은 반김
이요.
까치떼가 문안하니 그 다음 문안이
„잘 있소"라.

„신틀 오빠, 우지 마오" „베틀 누나,
우지마오".
„신틀 오빠님 날이 왓소". „베틀 누나님
날이 왓소".
은하수에 밤중만 다리되여
베틀 누나 신틀 오빠 만나니 오늘이
칠석이다.

하늘에는 별이 총총, 하늘에는 별이 총총
강변에서도 물이 흘러 소리조차 돌돌
이라.

은하가 넌넌 잔별밭에
밟고 가는 자곡자곡 밟히는 별에 꽃이
피니 오늘이 사랑의 칠석이라.

집집마다 불을 다니 그 이름이 초ㅅ불
이오,
해마다 봄철 돌아드니 그 무듬마다
멧부리요.
달돋고 별돋고 해가 돋아 하늘과 땅이
불붙으니 붙는 불이 사랑이라.

가며 오나니 반딧불 깜빡 하늘에는
별이 깜빡,
은하가 넌넌 잔별밭에
돌아 서는 자곡자곡 밟히는 별이
숙거지니
오늘이 사랑의 칠석이라.

남의 나라땅

돌아다 보이는 무쇠 다리
얼결에 띄워 건너서서
숨 고르고 발 놓는 남의 나라 땅.

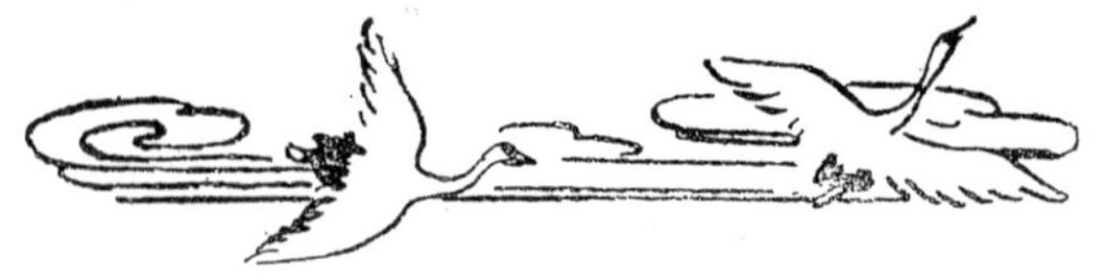

서울밤

붉은 전등.
푸른 전등.
넓다란 거리면 푸른 전등.
막다른 골목이면 붉은 전등.
전등은 반짝입니다.
전등은 그무럽니다.
전등은 또다시 어스렷합니다.
전등은 죽은 듯한 긴 밤을 지키ㅂ니다.

나의 가슴의 속 모를 곳의
어둡고 밝은 그 속에서도
붉은 전등이 흐드겨 우ㅂ니다.
푸른 전등이 흐드겨 우ㅂ니다.

붉은 전등.
푸른 전등.

머나먼 밤하늘은 새까맙니다.
머나먼 밤하늘은 새까맙니다.

서울 거리가 좋다고 해요,
서울 밤이 좋다고 해요.
붉은 전등.
푸른 전등.
나의 가슴의 속 모를 곳의
푸른 전등은 고적합니다.
붉은 전등은 고적합니다.

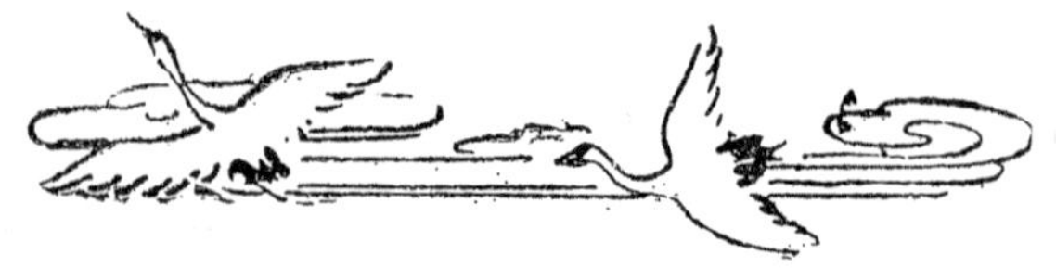

제비

하늘로 날아 다니는 제비의 몸으로도
일정한 깃을 두고 돌아 오거던!
어찌 섧ㅂ지 않으랴, 집도 없는 몸이야.

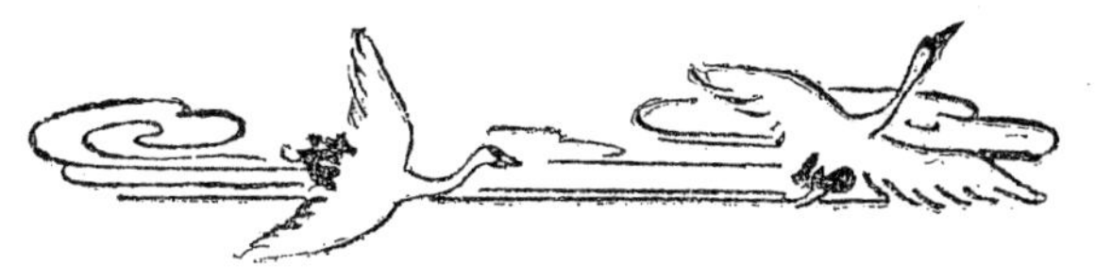

바다

뛰노는 흰 물결이 일고 또 잦는
붉은 풀이 자라는 바다는 어디

고기잡이꾼들이 배 우에 앉아
사랑 노래 부르는 바다는 어디

파랗게 좋이 물든 남빛 하늘에
저녁놀 스러지는 바다는 어디

곳없이 떠다니는 늙은 물새가
떼를 지어 쫓니는 바다는 어디

건너서서 저편은 딴나라이라
가고 싶은 그리운 바다는 어디

리상화 시 3편

바다의 노래

내게로 오너라 사람아 내게로 오너라
병든 어린애의 헛소리와 같은
묵은 철리와 낡은 성교는 다 잊어 버리고
애통을 안은채 내게로만 오너라.

하느님을 비웃을 자유가 여게 있고
늙어지지 않는 청춘도 여게 있다.
눈물 젖은 세상을 버리고 웃는
내게로 와서
아 생명이 변동에만 있음을 깨처 보아라

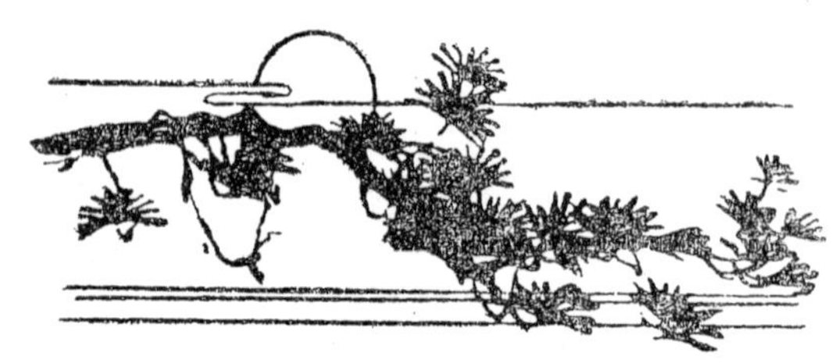

구루마'군

„날마다 하는 남부끄런 이 짓을
너희들은 례사롭게 보느냐" 고
웃통도 벗은 구루마' 군이
눈 붉혀 뜬 얼굴에 땀을 흘리며
아낙네의 앞임도 가리지 않고
네거리 우에서 소 흉내를 낸다.

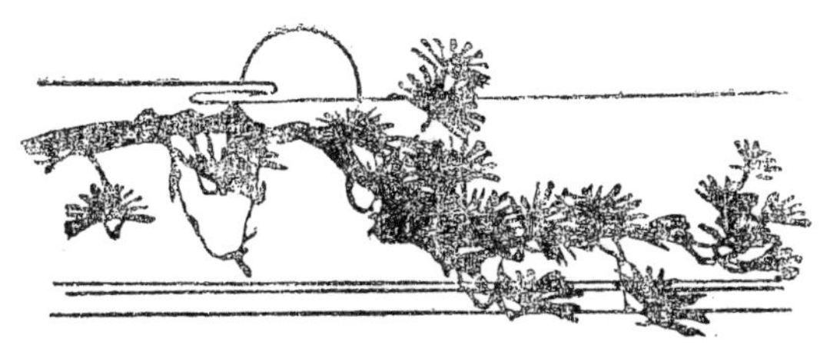

엿장사

네가 주는 것이 무엇인가?
어린애게도 늙은이게도
짐승보담은 신령하단 사람에게
단맛 뵈는 엿만이 아니다.
단맛 넘어 그 맛을 아는 맘
아무라도 가젓느니 잊지말라고
큰 가새를 목닥치는 네가
주는 것이란 어째 엿뿐이랴!

조명희 시 7편

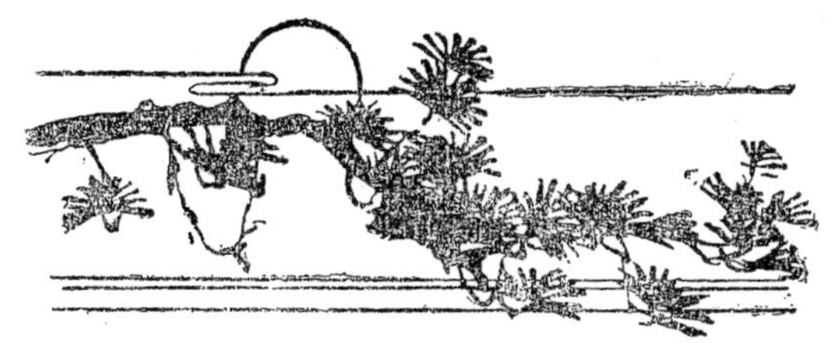

봄

잔디밭에 어린 풀싹이
부끄리는 얼굴을 남모르게 내놓아
가만히 웃더이다
저 크나큰 봄을.

작은 새의 고요한 울음이
가는 바람을 아로새기고
가지로 흘러 이 내 가슴에 스쩌 듣제
하늘은 맑고요, 아지랑이는 고우ㅂ고요,

내 못견디여 하노라

반기던 그대 멀어지고
멀어진 그대 그리우ㅂ거늘,
이를 다시 슬퍼하옴은
내 마음 나도 모르거니,
꽃이야 지거라마는
물이야 흐르거라마는

이 마음 부디ㅈ칠 곳 없음을
내 못견디여 하노라

온 저자 사람이

온 저자 사람이 다 나를 사귀며 하여도,
진심로 나는 원치를 아니하오.
다만 침묵을 가지고 오는 벗님만이
어서 나를 찾아 오소서.
온 세상 사람이 다 나를 사랑한다
하여도,
참으로 나는 원치를 아니하오,
다만 침묵을 가지고 오는 님만이
어서 나를 찾아 오소서

그리하여 우리의 세계는 침묵으로
잠급시다.
다만 아픈 마음만이 침묵가운데
귀 기울리며…

——00——

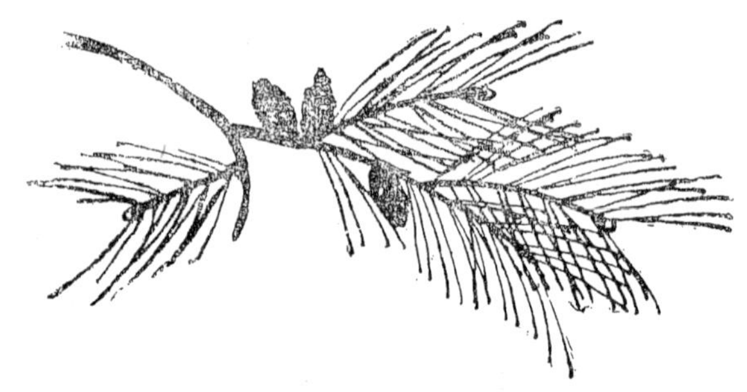

어린 아기

어린 아기는 해의 나라에서 보낸
귀여운 아기니
서릿발 같이 무섭게 성낸 아버지의
마음이
그 아기 웃음 한번에 사라지고 마나니.

어린 아기는 힘의 나라에서 보낸
신통한 아기니
세상을 무찌르려는 아버지의 허무의
칼날도
그 아기 울음 앞에는 그만 던져지고
마나니.

보라 영원히 그 아기는

터지려는 지구의 심장을
부드러운 손으로 꿰매여 주며
넘어지려는 생명의 바퀴를
작은 팔로 빼ㄷ치고 서서
머나먼 나라의 길을
어여쁜 손으로 가리켜 주나니,

그러면 아기야 우리는 어찌 하여야
좋으랴
네게 무엇을 주어야 좋으랴
저기 저 하늘의 별을 따 주랴
옳도다 별따러 가자 별 따러가
영원히 영원히 별 따러 가자

이리하여 이 우주에
부성은 자성을 쫓고 자성은 부성을
따라
울음속에 웃음이 있고
마음속에 사랑이 있어
영원한 원무와 씸포니가 되여
아프게도 생명의 바퀴는 굴러 가나니
새 별을 따면서 따면서…

——00——

시월의 노래

짓 밟힌 무리의 흘린피 방울 방울이
지심으로 흘러, 흘러 폭발이되여
새 화산, 새 세기의 화산이 솟았다.
북방에 높이 솟은 새 „히말라야산"—
쏘베트 공화국!
그 앞에 낡은 제도는 골짜기 같이
무너졌다.
온 세계는 바다 같이 끓는다.
오, 우리의 모국 쏘베트 공화국의 거룩한
탄생이여!
자라나가는 우리의 힘이여,
억척스러운 걸음-걸음이여!
열네해를 맞는 이날 아침,
맑은 햇빛 아래에

더 높이 날리라, 붉은 깃발을! 더 높이
울려라! 승리의 쇠북을!
만국의 승냥이는 이갈며 떤다, 떤다.
사자야, 새 화산의 아들 건장한
무리야!
원쑤를 향하여 소리차라, 동무를 불러
소리치라!
더 한층 높이 치라, „만세!!“
„만세!!“

×

우리의 손이 망치를 잡았고
우리의 발은 바퀴를 굴린다.
우리의 어깨엔 총이 메여 있고,
우리의 머리 우엔 새 태양과 함께
과학이 빛난다.
이리하여 우리의 건설은 쉬일 날이
없고, 우리의 무장은 원쑤를
물리치고야 만다.
망치여, 더 힘있게 내려 치라!
바퀴여 더 빨리 굴르라!
태양이여, 더 빛나게 내리쪼이라!

우리의 걸음은 한시가 급하고,
우리의 팔다리엔 힘줄이 뛰ㄴ다.
오직- 앞으로!!" „앞으로!!"

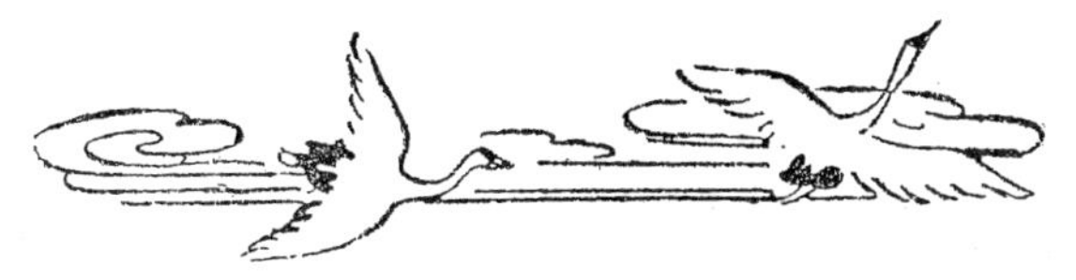

짓밟힌 고려

일본 제국주의 무지한 발이 고려의
땅을 짓밟은지도 벌써 오래다.
그 놈들은 군대와 경찰과 법률과 감옥
으로 온 고려의 땅을 얽기어 놓았다.
칭칭 얽기어 놓았다—온 고려 대중의
입을, 눈을, 귀를, 손과 발을.
그리고 그놈들은 공장과 상점과 광산과
토지를 모조리 삼키며 노예와 노예의
떼를 몰아 채찍질 아래에 피와 살을
사정 없이 글기어 먹는다.
보라! 농촌에는 땅을 잃고 밥을 잃은
무리가 북으로, 북으로, 남으로, 남으
로 나날이 쫓기여 가지 않는가?
뼈품을 팔아도 먹지 못하는 그 사회이
다. 도시에는 집도, 밥도 없는 무리가

죽으러가는 양의 떼같이 이리 저리 몰리지 않는가?

그러나 채찍은 오히려 더 그네의 머리 우에 떨어진다—

순사에게 눈부라린 죄로 지주에게 소작료 감해달란 죄로, 자본주에게 품값 올려달란 죄로,

그리고 또 일본 제국주의에 반항한 죄로, 프로레따리아트를 위하여 싸워가며 일한 죄로!

주림과 학대에 시달리여 빼빼 마른 그네의 몸뚱이 우에는 모진 채찍이 던지여진다.

×

어린 „복남" 이는 저의 홀어머니가 진고개 일본 부르죠아 놈에게 종노릇하느라고, 한도시안, 가깝기 지척이연만 벌써 보름이나 만나지 못하여 보고 싶어서, 보고 싶어서 울다가 날땅에 쓰러지어 잠들엇다.

젊은 „순이" 는 산같이 믿던 저의 남

편이 품팔이하며 일본 간 뒤에 사년
이나 소식이 없다고, „강고꾸베야"
(로동자들의 숙사를 감방과 같다
하여 말한 것임—편집부)에서 죽었
는가보다고, 감독하는 일본놈에게 총살
당하였나보다고, 지금 일본 관리놈의
집의 밥소르에 불을 지펴 주며 한
숨끝에 눈물 짓는다.

아니다, 이것은 아직도 둘째다—

기운 씩씩하고 일잘하던 인쇄 직공 공
산당원 „선룡"의 늙은 어머니는 어
느날 아침결에 경찰서 문턱에서 매
맞아 죽어 나오는 아들의 시체를 부
둥켜 안고 쓰러졌다—그는 지금 꿈
에도 자기 아들의 이름을 부르며
운다.

아니다, 또 있다—

십년이나 두고 보지 못하던 자기
아들이 정치범 미결감 삼년 동안
에 옷 한 벌, 밥 한그릇 들이지 못
하고 마지막으로 얼굴이나 한번 보겠
다고 천리 밖에서 달려와 공판정으로

기어들다가 무지한 간수놈의 발길게 채워 땅게 자빠저 구을며 하늘을 치여다 보며 탄식하는 힌 머리의 로인도 있다.

이것 뿐이냐? 아니다.

온 고려 프로레따리야 동무—몇 천의 동무는 그놈들의 악독한 주먹게 맞아죽고 병들고 쇠사슬에 매여 감옥으로 갓다.

그놈들은 이와같이 우리의 형과 아우를, 아니 온 고려 프로레따리아트를 박해하며 든다.

고려의 프로레따리아트! 그들에게는 오직 주림과 죽음이 있을 뿐이다.

주림과 죽음!

그러나 우리는 락심치 않는다. 우리의 힘을 믿기 때문에—

우리의 뼈만 남은 주먹에는 원쑤를 처꺼꾸러뜨리려는 거룩한 싸움의 힘이 숨어 있음을 믿기 때문에.

옳토다, 다만 이 싸움이 있을 뿐이다—

칼을 칼로 잡고 피를 피로 씨ㅅ으려는

싸움이—힙세인 프로레따리아트의 새
기대를 높이 세우려는 거룩한 싸움이!
그리고 우리는 또 믿는다—
주림의 골짜기, 죽음의 산을 넘어 그
러나 굳건한 걸음으로 걸어 나아가
는 온 세계 프로레따리아트의 상하
고 피묻힌 몇 억만의 손과 손들이
저—동쪽 하늘에서 붉은 피로 물들인
태양을 떠받치여 올릴 것을 거룩한
프로레따리아트의 새날이 올것을 굳
게 믿고 나아간다!

맹세하고 나서자

맹세하고 나서자!
건설의 울에 둘러선 나의 동무야!
너의 피로 이룬, 나의 피로 이룬
우리의 혁명
너의 뼈로 이룬, 나의 뼈로 이룬
우리의 건설,
이 혁명을 지키며, 이 건설을 옹호하며,
팔 걷고 맹세하여 나서자 나서자!

×

건설의 채마전에, 우리의 땀으로된
이 채마전에,
우리 생명의 터밭인 이 채마전에
해충이거던 밟아 엉깨자!
잡풀이거던 뽑아 없애자!
더구나 도야지—미운 침략의 도야지
주둥이야

단번에 칼을 박자 무찌르자!
맹세하고 나서자!
망치를 잡아 쇠를 두드려
건설의 귀를 자래우는 사람아!
밭을 갈아 씨를 뿌리어,
건설의 살을 불구는 사람아!
모든 나의 형제를 부른다!
또한 세계의 형제들도 부르노니—
우리 할아비 피를 빨리다 못하여
분김에 소리치고 놈의 총에 맞아
죽었다.
그 뜻을 받은 아비 피로 싸워
피로 싸워 얻어 놓은 이 조국—
이 무산 계급의 조국을
원쑤의 발이 다시 짓밟으려 할때,
대답하여라, 나의 형제야!
맹세하고 나서지 않겠느냐?
나의 조국을 지키며, 너의 조국을
지키며—

×

국경의 산이 무너지는 한이 있어
보아라

우리의 손에 총이 쥐여진 날까지는
우리의 피줄이 움직이고 있는 날까지는
원쑤의 발이 우리 땅을 밟을 수
있으랴?
원쑤의 화약 냄새가 우리 땅에서
말아질 수 있으랴?
산아, 너도 이 조국의 국경을 지키여
다고!

×

맹세하고 나선 맘! 맹세하고 나선 맘!
해를 두고 맹세하여 나섰노니
원쑤야, 올려면 오라!
나의 맹세를 받으라—나의 총알을
받으라!

김 창술 시 2 편

쫓기어 가는 어둠

닭이 운다
새벽을 재초기하는 닭이 운다.

지새는 달그림자 고요히
잠든은 땅을 빛이는데
잦아지게 닭이 운다 운다.

쫓기여 가는 어둠은 몸부림하나
이 마을의 새벽을 안고 „꼬끼요“ 운다.

추움에 떠는 이 마을의 마음아!
새벽을 맞이하는 이 마을의 마음아!

출발

바다, 무엔지 끝 주어 삼킬듯이
들썽대는 바다.
사나운 그 물, 물결우에 뜬배.
배…파아란 하늘밑에 퍼얼럭이는 돛자락
바람을 멍에하여 수울렁 수울렁 배 띄운다
이 배우에 잔뜩 실린 젊은이들 바다를
건너가는 그들의 마음
부스러진 이 시대의 껍질을 치우는 청결
인부들아,
우리는 박테리아의 아니꼬움을 몰아 버리기
위하여 소독물을 뿌리지 않느냐.
„출발!“
오늘도 떼배 우엔 북소리 둥—둥 북소리
둥—둥

류 완희시 4편

희생자

저녁별이 건너산을 기여 오를때
남편은 분노에 질린 얼굴로
동네 작인들과 함께
작대를 끌고 남쪽 마을로 달려 가더니

밤은 삼경이나 지나서
달빛조차 밝아 가는 이 한밤에
시체로 변하여 집으로 돌아온다.
눈도 감지 못한채 들것에 얹히어서—

그러면 아까 막 설거지를 마치고 날때
때아닌 총소리가 연거퍼 뒷산을 울리더니
그것이 내 남편의 령혼을 모셔가는
애달픈 영결 초혼 소리던가 보다
오냐 이놈!

한 개의 탄자로써 내 남편을 바꿔간
원쑤놈—
아무런들 가슴의 매듭이 풀릴줄 아느냐?
내 목숨이 세상에 머물러 있는 동안은—

아우의 무덤

아우여! 아우의 혼백이여!
형은 방금 이 땅을 버리고 가려 한다.

할아버지가 주추까지 놓아 준
이 땅의 터의 이 집을 버리고 가려
한다

천리나 만리나 정처도 없는 곳으로—

그래도 그대는 백골이나마
조상의 끼친 터를 베고 있건만

민중의 행렬

행렬! 프로레타리아의 행렬!
가정에서 전원에서 공장에서 또 학교에서
가두로 가두로 흘러져 나온다
영양에 주리여 창백한 얼굴—그러나
열에 떠기긴 걸음걸이
그들은 그들의 뛰노는 심장의 고동을
듣는듯하다
비웃느냐 자본가 무리들
—그눈에 자라날 향락의 날이 아직도
멀엇다고
그러나 그 걸음걸이를 보라! 대지를
울리고
신생으로 신생으로 달음질 하는 그
걸음 걸이를
그들은 인제는 너에의 각성을 며
바라보지도 않는다.

—적도가 북쪽으로 기울러지기를—사실
이외에 더 큰 힘이 있기를—바라지
않는다
다만 힘으로써 힘을 이기고 힘으로써
힘을 얻으며 할 따름이다.
그곳에 새로운 세기가 창조되고 무산
계급의 자유를 맛볼 수 있으리니—

비켜라! 원쑤들!
그들의 행렬을 더럽히지 말라! 온세계
전진하는 그들의 앞길을
행렬! 프로레따리아의 행렬!
가정에서 전원에서 공장에서 또 학교에서

가두로 가두로 흘러저 나온다.
하늘에 눈보라 감돌아 오르고 땅에는
모진 바람 휩쓸어 드는데
—돼지 무리 살가지 웃음 웃고 있지만
최후의 승리는 우리의 것이다

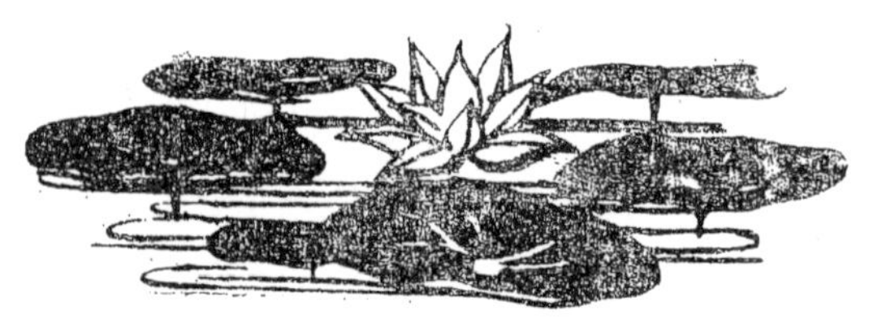

산상에 서서

하늘 맑게 개인 날
호올로 산상에 올라
마음끝 두팔 두다리 벌리고
힘껏ㅅ 가슴의 문을 열어
„봄이라" 소리쳐 부르니
아득한 지평선가에
소리는 가고 대답이 없으니
남쪽 바다를 할느고 오는
맑은 이 철의 바람은
다시금 마음 정서를 불러 일으킨다.
멀리는 그물그물한 련봉
하늘가에 닿은 듯 만 듯
가까이에 나물캐는 마을 색시
들둑에 나앉아 조으는지 속삭이는지
모두다 이즈음에 있음직한 풍경이다.

산벗 물참 동백이며
철쭉 떡갈 등의 활엽수들이
아직도 싹트고 꽃맺을 때는 멀었건마는
그래도 봄기운만은 흠빠ㄱ 머금은 것 같고
사시로 푸른 전나무 소나무연만
좀 더 새로운 향기가 맡기워지는 것 같다
들리는 소리 소리가 모두 싫지 않고
산새의 지저귐은 더욱 반가우ㅂ다
이같이하여 봄은 완전히 우리들의 가슴에
보금자리 한것인가?
오오 봄의 숨결이여!
숨결의 파동이여!

조윤 시 6편

습 작

태산을 넘어넘어 풍랑을 헤치면서
님 위해 일하건만 님이 나를 아시는지
님이야 아시던 마던 할일이니 하리라.

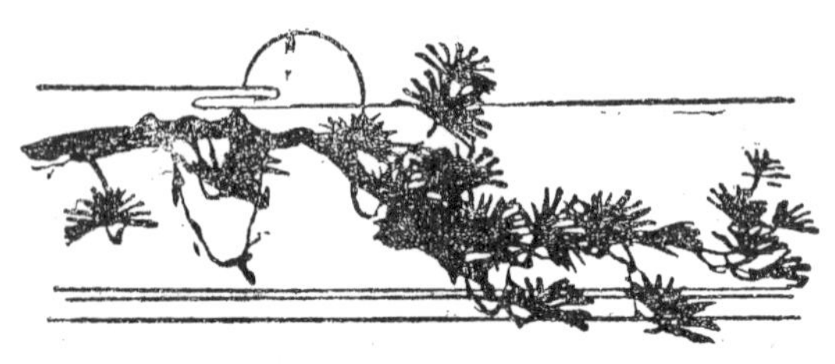

그 림

우는 애 달래려고 한송이 꽃 그려주니
아이는 내던지며 향내없다 보채누나
아이야 기다렸으라 내나도록 그리리.

란 조 잎

쌓인 눈 파헤치여 란초잎을 내놓고는
빨간손 홀홀불며 들여다 보는 아이
두 손을 모두어 쥐고 불어주고싶구나

우리집

울이 없엇으매 뵈는것이 다 뜰이다
사립없는 집이어니 임자가 나만이랴
뒷결에 설익은 살구는 동네애들
차지야.

선죽교

선죽교 선죽교러니 발 남짓한 돌다리야
실개천 여윈물이 버들잎에 덮엿구나
오백년 이, 저, 세월이 예서 지고 새
다니.

피니 돌무늬니 물어 무엇 하자느냐
돌이 모래되면 충신을 잊겠느냐
가슴에 스며든 피야 오백년만 가겠니.

포은 만한 의기로써 흘린 피가 저렬
진대
나 보기 전 일이야 내 모른다 하려라도
이마적 흘린 피만하여도 발목지지 발
목저.

봄비

비라도 봄비나 맞아나 볼자
이 비를 맞아서 마음이 젖으면
깊이 든 새움이 돋아나 나도…

박 팔양 시 5편

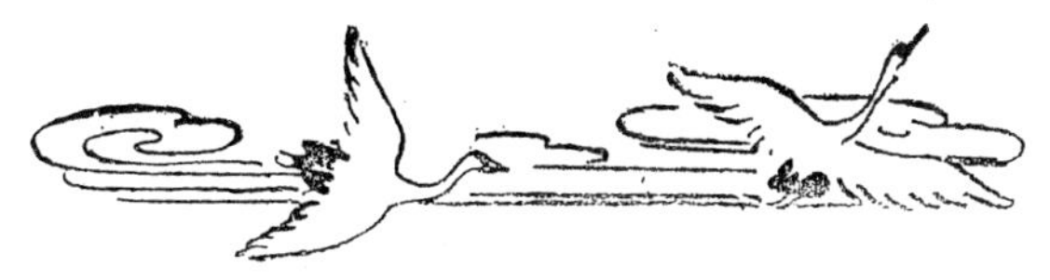

가을

단풍

산허리를 붉게붉게 물들인 단풍을
나는 무심히 보고 지난 때 있었노라
그러나 이제는 내 다시금 생각하노니
그것은 타는 듯한 우리의 정열인 것을.

락엽

땅우에 떨어져 궁구는 락엽을 보고
조락의 가을을 오직 탄식하는 그대여!
궁구는 그 소리에 귀를 기울리라
자연은 다시 겨울과 봄을 약속하리니.

국화

이 꽃 피인 후에 다시 꽃이 없어
가을을 마지막 장식하는 그대여

찬서리에 밟는 괴롬 얼마나 하뇨
무심한 벌레조차 울ㄲ 우네.

기러기

기러기 기럭 기럭, 어데로 가느뇨
밝은 달 동대 삼아 무슨 바다 건너느뇨
남국에서 추방되여 정처없이 감이뇨
북국에 두고 온 사랑 찾아 감이뇨.

귀뚜라미

가을밤 고요하여 귀뚜라미 소리 들린다
울다가 그칫다가 그칫다가 또 울다가
등불 밑에 보던 책 덮어 놓고 귀 기울여
이 밤을 우는 작은 벌레 마음 생각
하노니.

선구자

나아가는 곳에 광명이 있나니
젊은 그대여 나아가자
오직 앞으로 또 앞으로
가시 덤불 길을 물리고—

비록 모든 사람이 주저 할지라도
젊은 그대여 나아가자
용기는 젊은이만의 자랑스런 보배
어찌 욕되게 뒤으로 숨어 물랴

진실로 나아가는 곳에 광명이 있나니
비록 나아가다 거꾸러 질지라도
영예로운 그대 젊은 선구자여
물러섬 없이 오직 앞으로 나아가자.

——00——

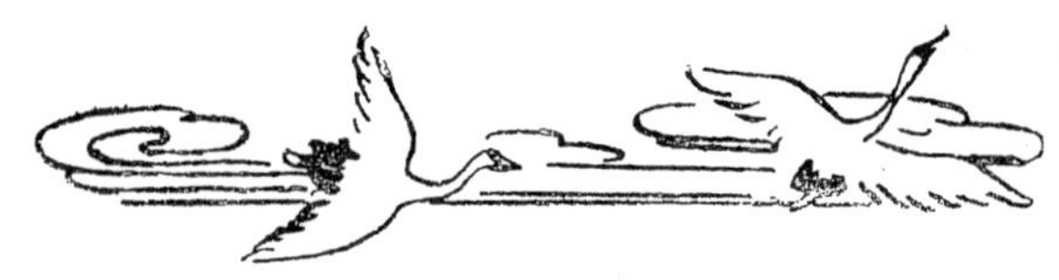

건설자

어머니들이여!
당신들은 당신들의 모든 희망을
당신들의 아기들에게 부쳐 주소서

당신들의 모든 리상
꿈같이 사라지려는
당신들의 아름다운 모든 리상을
당신들의 귀여운 아기들을 거쳐서
반드시 실현하여 주소서

당신들의 아기네는
새로운 사회의 건설자
또 새로운 조선의 건설자
당신네 가정의
새 건설자인 까닭이외다

어머니들이여!

당신들께 드리는 부탁은
오직 이것 하나 뿐이외다

어머니들이여!
당신들은 당신들의 모도 희망을
당신들의 아기들에게 부쳐 주소서

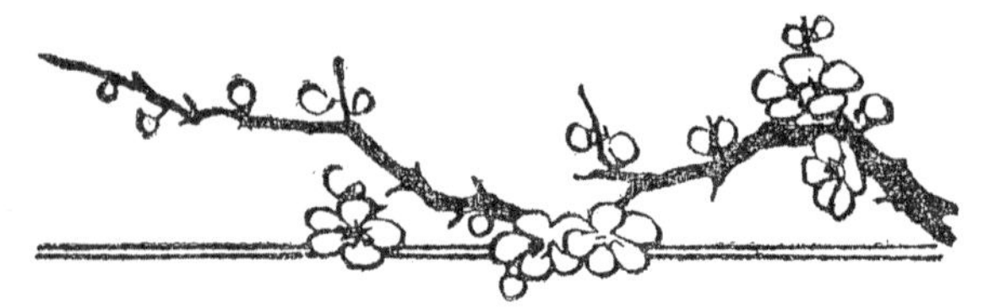

레닌그라드

네바강 물'줄기 굽이도는 곳
다리도 많고 나무숲도 많고,
그윽한 안개 거리를 휩싸는 곳
혁명의 용감한 이야기도 많고나.

의로운 전사들의 붉은 기 날리던
동궁에는 란만하게 예술이 꽃피고
첫 포격의 영예 지닌 아브로라는
네바강 품 우에 고요히 떠 있어라.

위대한 일리이츠가 살아 일하시던
소박한 방마다 침대 또 책상마다
한 몸 겨우 눕는 밀'짚 초막에도
그를 못 잊는 억만의 뜻이 어려,
붉은 혁명의 요람인 이 땅은
레닌의 이름 함께 끝없는 영광속에

세월이 흐를수록 그윽하여라,
세월이 흐를수록 아름다워라.

북방의 극광은 보이지 않으나
여름밤이 어두려다 이어 지새ㄴ다는
랑만과 전설의 아름다운 도시
레닌그라드 사람들이여 행복하라!

목화따는 마을에서

아르메니야 목화따는 마을에
꼴호스를 찾아 우리는 갔다,
뜨거운 친선의 정겨운 인사를
농민 형제들께 전하러 갔다.

마을의 이름도 밤박아르 샤스트
목화가 풍성하게 핀다는 뜻
목화송이처럼 순박한 처녀들이
춤을 추며 우리를 맞이한다.

동방의 춤은 두 팔들고 추는 법
어깨 장단마저 우리와 같고나
범나비인양 두팔 너울거리며
얼씨구 좋구나 머ㅅ들어진 춤이여,

땅속 20년 묵은 포도주 꺼내여
유리잔에 하나 가득 부어들고

70로인이 목청도 우렁차게
통일 조선 만세를 부르네.

목화송이처럼 피여만 나는
당신들의 이 행복한 살림살이
그것이 어찌 당신들만의 승리이랴
이는 곧 우리들의 승리이여라!

박세영 시 3편

떠나는 노래

남겨 놓고 감은 눈물,
가지고 감은 쓰라린 눈물,
눈물이 찌되여 빛날 뒷날이 올젠
눈물, 헤지던 눈물은
피여 오를 꽃봉오리가 되리라.

각서

내게 주는 모든 말은
사람이 슳어하는 말이건 다 하여 주시오

설혹 잘 함이 있더라도 꾸짖어 주시오,
못난이라 하여 주시오.

나를 추어 주는 말은
나로 하여 독약을 마시게 함이나
같으오니
솟아 오르는 싹을
분질러 버리는 폭풍우와 같으오니.
내게 주는 모든 말은,
비웃는 말이라도 하여 주시오.

그것이 나를 살리는 말이될 것이오니
아 친구여, 모든 선구자여!

——00——

금강산

만폭동 계곡

만폭동에 흐르는 물소리만 들어도
돋던 땀'방울 어느덧 가시는데,
담마다 고이는 수정같은 물
이 강산의 마음을 빛어 주노나.

벼랑을 흘러 내리는 물이 빛어 내리나
그대로 진주알들 굴러 내리니,
녹음이 비처 뜨는 진주담은 더 푸르러
흰 구슬이라도 물들겠고나.

만일 처녀들이 옥같은 저 바위에 앉아
천을 빤다면 선녀와 무에 다르랴,
향기로운 기화 요초 찌ㅅ은 물이니
저절로 히여질 빨래 아닌가.

물 속에 잠긴 돌마저 모두 옥인듯
이 강산에 태여난 기쁨 다시 느끼나니
금강산의 조약돌 하나도 소중하거던
산이 온통 금강석이나 다름 없고나.

비로봉에서

만 이천봉이 안개 속에서 솟아나고
바다에 동이 트니 온 산이 밝아온다,
해뜨는 동해바다 이글거리는 붉은 해는
온바다에 금비늘 뿌리며 솟아온다.

금강 련봉을 굽어 보는 비로봉에도
깊고 낮은 계곡에도 해'살은 비처
불타는듯 붉은 단풍숲 찬란하니
맑은 아침의 나라에 이 장쾌함이니.

뭉게 뭉게 피여 오는 안개 그것이 모두
아름다운 강산의 정기 아니뇨,
온 몸에 해' 살 받은 근로자들이여
금빛 해'살을 안고 정기를 실커ㅅ 숨쉬라,

평화롭고 그윽한 조국의 아침을 안은
비로봉은 소리높이 웨치는듯,

싸움의 불'길 다시는 이 땅에 없도록
제주도 근로자들도 여기 오도록

굴하지 않는 이 땅의 기세처럼
만 이천봉은 락원의 전설을 자랑하라,
신금강 십이폭이 하늘에서 쏟치듯하고
푸른물 속에도 타는듯 단풍이 더 붉어라
천하 절승 우리의 금강산이여!

조기천 시 6편

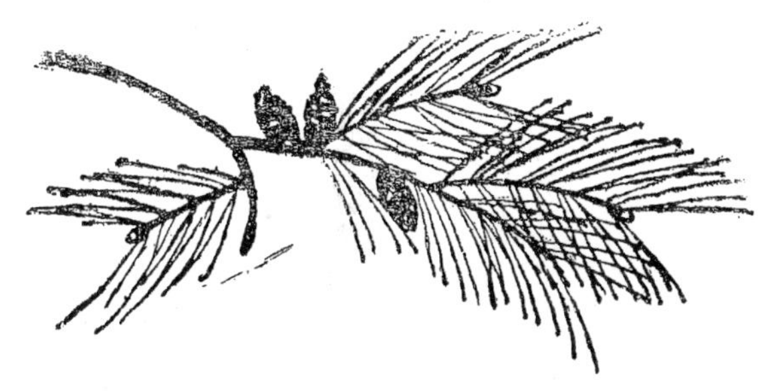

장편서사시 백두산에서

그러면 너 백두야
조선의 산아 말하라!
오늘은 무엇을 보느냐?
오늘은 누구를 보느냐?
세기의 백발을 휘날리며
백두산은 대답한다—
„오늘은
무럭무럭 굴뚝에서 솟는
창조의 타는 로력을 본다.
풍작에 우거진 자유의 전야를 본다
력사의 대로에 거세게 올라선
비약의 나래를 펼친

민주의 북조선을 본다
또 저 삼각산 밑에서
반동의 무리 뒤엉켜 욱씰거리여도
테로의 미친 눈이 백주에
희번덕이여도
민전의 싱싱한 웨침에
남산 송백도 더 푸르러 빛나는 것을
내 오늘 력력히 본다!"

＊＊＊

백두산은 이렇게 말하면서
의분을 못참는듯
세기의 백발을 추켜들고
북으로 찬란한 우랄산을 바라보며
곤륜산 히마라야산 넘에
신생의 중국도 살펴보며
증오에 찬 주상을
태평양 거츤 물과 부사산에 던지며
백두는 웨친다—
„너, 세계야 들으라!
이 땅에 내 나라를 세우리라!
내 천만년 깎아 세운 절벽의 의지로
내 세기로 모은 힘 가다듬어

온갖 불의를 즛처 부시고
내 나라를,
민주의 나라를 세우리라!
내 뿌리와 같이 깊으게
내 바위와 같이 튼튼케
내 절정과 같이 높으게
내 천지와 같이 빛나게 세우라—
자유의 나라!
독립의 나라!
인민의 나라!"
백두산은 이렇게 웨친다!
백성은 이렇게 웨친다!

조선의 어머니

어머니는 흰 옷 입으시고 동뚝에
섯나이다
푸른 고개 누른 신작로에
움직이는 하나의 모습—
오늘은 세째 아들이
인민군에 자원병으로 간답니다

한해 전에 마ㄷ아들이 떠낫고
한달 전에 둘째 아들이 떠낫고—
푸른 고개 넘에로
아들의 모습은 사라저도
어머니는 잊은듯이 서고만 있나이다

어느결에 귀밑오른 서릿발이 지낫는고
어머니의 한생은 길엇던가 짤ㅂ앗던가
그믐밤 같이 캄캄도 하엿답니다

구월의 논밭에서 구수한 바람이 일어
어머니의 낯을 다정히 스칩니다.

다만 팔월의 그 날부터 천지도 밝아
처녀 시절의 봉선화도 보앗답니다
그 해 늦가을 남편의 무덤에서
좋은 세상도 못보시고
옥사하시엿다 목놓아 울엇답니다

안개 내리는 아침마다
어머니는 이 동뚝으로 나오리다
고갯길은 긴 한숨 같이 사라지건만
어머니는 눈물 없이 섯나이다
전쟁이 끝나기 전엔 눈물을 모르시리다

웨 이 나라의 어머니들은
눈물 없이 아들을 싸움터로 보내노?
거리들이 마을들이 불속에 묻히엿거니
묻지 말라 오 묻지 말라 어머니의
마음을,
원쑤에게 향한 그 증오를 그 저주를!
다만 전쟁이 끝낫을제야
마을 젊은이들이 전선에서 돌아올제야
어머니는 이 동뚝에 나와서

눈물로써 그들을 맞으리다
아들 삼형제 돌아오려니
저 푸른 고개를 바라보시리다
그러면 어머니의 정성이 뻗치고 있는
저 푸른 고개로서 기어코 아들들이
돌아오리다
원쑤를 족치고 바다에 쓸어넣고
승전의 노래 높이 돌아오는 아들
삼형제를
어머니는 흰 옷 고이 입으시고
이 동뚝에서 눈물로써 맞으리다!

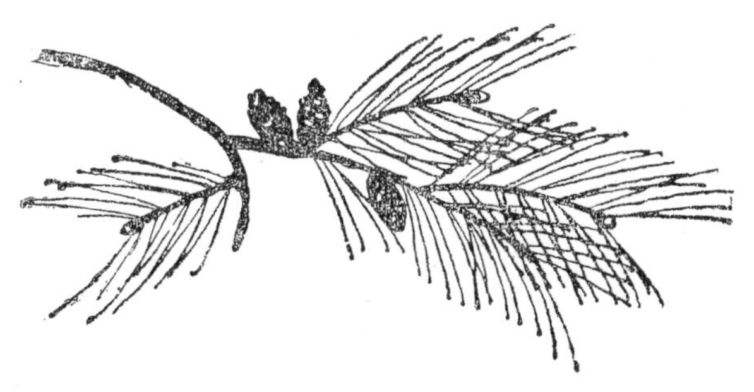

우리는 조선 청년이다

조국 앞에서 인민 앞에서
력사의 후손들 앞에서
지구의 어느 위도에 사는
어느 사람들 앞에서도
이 나라의 젊은이들은
어리석은 자존도 없이
썩어빠진 자만도 팽개치고
떳떳이 말할 수 있으리라—
우리는 조선 청년이다!

노래 없이는 일을 모르고
웃음 없이는 날을 모르고
피는 꽃이 더디다 근심하며

아름다운 꿈을 그리여
봄밤 새던 마음들이다
그러나 류월의 어느 새벽에
그 꽃과 그 꿈을 가슴에 지닌채
노래는 총창으로 웃음은 포탄으로
불 속에서 연기 속에서 싸우는
공화국의 자랑—
우리는 조선 청년이다!

구름도 중턱에서 헤매는 고지라네
천년 출기넝쿨도 주저한 절벽이라네
그런 절벽을 하룻밤새 올랐고
폭격에 집채 같은 바위는 떨어져도
땅도 타고 솔밭은 기울어져도
진지는 진지대로 초소는 초소대로—
죽음 가운데서도 죽음을 모르는
조국에 바치는 높은 사랑—
조선의 청년이다!

얼음 속에서 솜옷을 잊어도
주먹밥마저 며칠채 보지 못해도
어느 때나 첫 말은 „탄약" 이라 하고
남북 삼천리 어느 오솔길엔들

그들의 발자취 안났으면만
어느 때나 첫 말은 „좋습니다" 대답하는
인민에게 바치는 끓는 마음—
조선의 청년이다!

한번 이 나라의 젊은이들
이름을 부르면
그 속에서 육박전의 창날도 번개치고
김 장군 만세 소리도 높아진다
복구대의 힘찬 숨소리도 들리고
봄을 풍기는 밭이랑도 솟아 오르고
그 속에 거센 흐름이 있어
위대한 힘을 품었거니
세계 청년의 장엄한 발구름도 울리며
민청 행진의 북경 거리도 일어서며
공청 대렬의 붉은 광장도 펼처지거니

그 날은 오리라! 그 날은!
오 전승의 그 날이 오면
이 나라의 불탄 거리와 재된 마을을
가슴이 터지게 부ㄷ안고
수많은 겨레의 성스런 죽음을 밟들고
세계 인민 앞에 나가리라

그리하여 야수들에 대한
엄혹한 판결의 마당에서
만민이 부르짖어 원하는 그 마당에서
인민들에겐 믿음 높은 벗으로
원쑤들에겐 폭풍으로 벼락으로—
우리는 조선 청년이다!

두만강

이 땅의 북변을 굽이굽이 휘돌아
흘러 흐르는 두만강이여!
부닥치고 감뛰는 그대의 찬 물결에
묻노니 몇번이나
흰옷의 서러운 그림자 비끼였더냐

＊＊＊

찌푸린 낯 투렴이 옷
재산이란 가슴 속 응키운 노예의 서름
외다이란 장알진 손지팽이뿐
놈들에게 빼앗기고 짓쫓기는 그 신세—
두만강이여, 이것이
  그대 그려둔 조선의 사나이 아닌가?

＊＊＊

째진 가난 속에 부대끼어도
말한마디 틀리랴 겁내며

눈물에 치마 고름 썩어도
앞날을 바라보고 한숨을 죽이는—
두만강이여, 이것이
그대 그려둔 조선의 녀인이 아닌가?

＊＊＊

뼈에 이는 얼음장 찬 물결
추격의 총소리 귀뿌리 막치는데
새벽 비낀 저 언덕 바라고
운명을 물결에 맡기는—
두만강이여, 이것이
그대 그려둔 조선의 지사가 아닌가?

＊＊＊

모래 우에 뚜렷한 피 흘린 발자국
마지막 탄환도 원쑤에게 보내고
죽어서도 죽어서도 놈들 손에 안들며
한 많은 이 물결에 몸 던지는—
두만강이여, 이것이
그대 그려둔 조선의 의병이 아닌가?

＊＊＊

원한의 강, 피의강,
이 땅의 눈물과 고통의 강 두만강!
이제야 그대는 와—와—자유롭게

번쩌기이는 파도의 칼로 앞길을 헤치며
하늘을 떠밟는 대해로 흘러 흐르누나!
두만강이여, 이것이
  어느 해 어느날부터냐?

* * *

이 땅의 기쁨에 웃고 울고 어리광치기도
하고
인민의 원쑤를 처부시련듯이
웨치고 성내며 뒤끓기도 하누나!
마음 찢는 과거를
안도의 한숨으로 성 막아 놓고
반짝이며 속삭이며 흘러 흐르누나
이 땅에 꽃 피며 이삭패라 한끝 믿어—
두만강이여, 이것이
  어느해 어느날부터냐?

* * *

붉은 별이 그대의 물결에 비치는 날
공격의 포성에 그대 소스라처 일고
혈전에 목 마른 의군이 투구로 물
마실 때—
두만강이여, 그대는

조선의 생명이 되였어라!

＊＊＊

장쾌한 „우라!" 에 물결도 떨쳐 뛰놀고
놈들이 질색해 도망칠 때
성전하는 용사의 거룩한 모습
그대의 한가슴에 고이 받들려
이 땅에 첫 걸음 옮기는 그때—
두만강이여, 그대는
해방을 조선에 실어 왔어라!

＊＊＊

이땅의 북변을 굽이굽이 휘돌아
살뜰이 씨스쳐 지나는 두만강
그대는 깨끗도 하여라!
애국의 절개되리!
백두산 천지에 뿌리 박은 두만강
그대는 장엄도 하여라—
이 땅의 해방을 길이 지니리!

＊＊＊

정의의 나라 살진 언덕에
경축의 구슬꽃 함뿌기 뿌리며
태양도 부럽게 해방군을 빛내며

행복의 강, 친선의 강이여,
날뛰며 춤 추며 흘러 흐르라
영원히 흐르라!

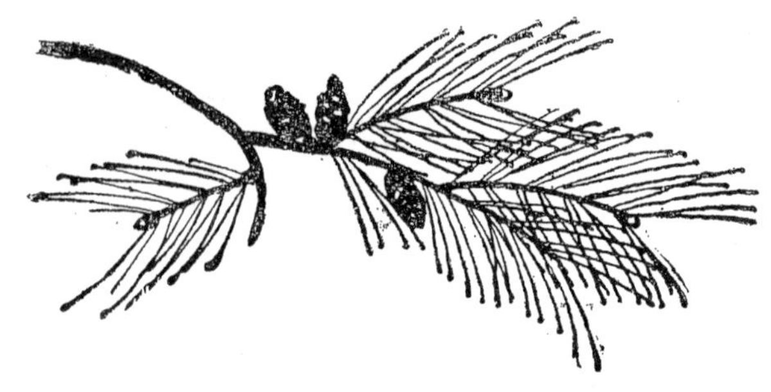

수양버들

아침마다 창문을 열면
봄빛을 줄줄이 드리우며
수양버들이 흐느적흐느적,
그러면 내 마음의 처정에서도
무엇인지 봄빛을 흘리며
줄줄이 내리네 드리우네

온 하루 일터에서도
머리 속에서 실버들이 흐느적이네
그러면 나도 모를 큰 힘이
가슴 속에 푸르게 자라나네
아침마다 의젓이 푸드러지는 실버들
어찌면 저리도 내마음 같으리!

새 해

새해가 솟아오른다
불길을 걷어안고 새해가 솟아오른다,—
세기를 걸머진 크레믈리 성벽에 인사
돌이며,
영원한 묘단 메리석까지도
사랑에 겨워 어루만지며
히열에 밝애진 낯을 들고
새해가 솟아오른다.

* * *

새해가 솟아오른다,
불길을 걷어안고 새해가 솟아오른다,—
원쑤의 검은 심장이 얼어서 부서지게
눈보래와 치위를 휘몰아다가

둘러싸고 덮어놓고
재도없이 불태워 없이며,
우리 땅의 영웅들을 맞웅하여
기쁨을 뿜어 휘날리며
새해가 솟아오른다

＊

새해가 솟아오른다
불길을 걷어안고 새해가 솟아오른다.
용광로의 불길을 더 세차게 태우며
화원에 꽃피며 열매익게,
물결이 기쁜 이야기 중얼거리게,
광야에 진주같은 이삭이 패게, —
이땅을 따뜻한 행복에 엉키게하며
새해가 솟아오른다,
불길을 걷어안고 새해가 솟아오른다!

그외 시편

즐거운 로력

리 찬

(팔개 공사의 노래)

불꽃 튀는 곡괭이에 앞뒤산이 쩡-쩡-
골안개도 넘실넘실 화답하는가
저 모든 천수답에 등성이 밭에
생명수 흘러 넘칠 즐거운 로력
　다우치자 재끼자 오늘도 넘쳐
　보다 큰 행복을 어서 당기자.

암반이라 물러서랴 찬물엔들 못들랴
조상 대대 굶던 념원 가슴마다 솟구친다
그 배려를 잊을소냐 당과 수령님의
생각수록 사무치는 감격의 로력.

우둥불 활활타는 보둑이며 굴포우에
한십내기 처녀 총각 이야기도 수ㅅ하구나
그렇다 세세년년 울려 퍼질 풍년 가속에
그 모든 꿈 꽃으로 필 보람찬 로력.

봉선화

서만일

적탄은 앞뒷산을
　　수ㅊ처럼 태웠으나,
제 철 찾은 봉선화는
　　울밑에 붉게 피엿구나.
하루ㅅ일에 지친몸
　　고되지 않으랴만
밤이면 남몰래
　　손톱마다 붉은꽃물 들인다
끓는 이마에서 이마로
　　그손이 옮겨갈제,
전사들은 간호원의 손에서
　　고향을 숨쉰다.
조용할 숨결속에
　　래일의 힘을 기른다.

아코디온 소리

한 윤호

너를 찾으려고
몹시 애썼노라
가는 곳마다
물어 봐ㅅ노라

„당신네 콜호스에
조선 나왔던 병사가 없소?
이름은 니끌라이라는데
아코디온을 썩 잘튼다오"

고향이 볼가강변이라던 것을
기억하기에
가는 곳마다
물어 봐ㅅ노라.

그러면 대답은 의례히

니끌라이는 많소,
아코데온 명수도 많소,
허나 조선에 갔었다는 소리는…"

어깨에 견장 없어졌고
지금은 뜨락또르를 몰지도 모를
너를 그리며
물어 봐ㅅ노라.

단 한가지 내 소원은 옛날처럼
달빛 흐르는 강변에 나란이 앉아
귀익은 네 아코데온을 듣는것—
곡목은 „아리랑" 도 좋고 „내 조국"도 좋으니

이러다 너를 찾지 못할 수도 있으리라
그런들 어떻단 말인가!
네 아코데온 소리 내 심장속에
언제나 명랑하게 울리고 있는데는

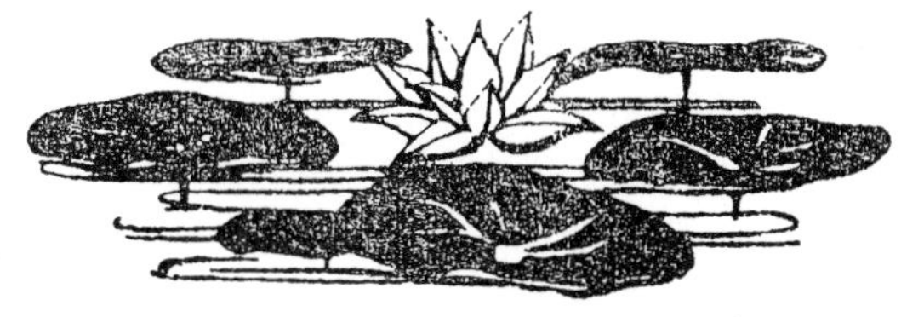

진달래

박아지

천인 절벽 위태로운 바위 우에
오히며 웃고 섯는 진달래야
인민 조국 자유를 지킨
영웅들이 웃고 진 넉시이냐

꽃따운 청춘, 불타는 충성에
가지록 빨가ㅎ게 피여난 진달래
조국의 강산은 진정 아름답구나
너로 하여 더한층 아름답구나

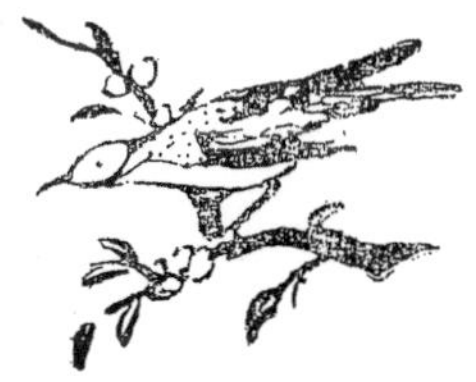

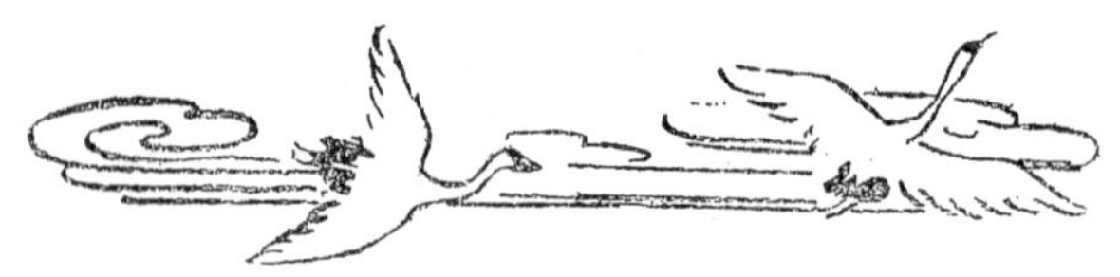

어부의 합창

김 북원

창파에 그물 던저 어야더야
고뭉어 잡아 싣고 어야더야
바람'새 좋구나 도ㅊ을 올리세
금물'결 출렁인다 어야며야 저녁놀

바다야 내 사랑아
네품에 자란 이몸
너를 지켜 싸웠음은
이날 위함 아니며냐
어야더야 동해바다
어야더야 동해바다

고기떼 따라 잡아 어야며야
배마다 만선일세 어야더야
도ㅊ대우 풍어기 휘날린다

너보 반겨 날아드나 어야더야 갈매기

창파는 물러가고 어야더야
포구가 다가 오네 어야더야
가꿍반 우리님 기다린다네
웃음꽃 활짝 피여 어야더야 우리님

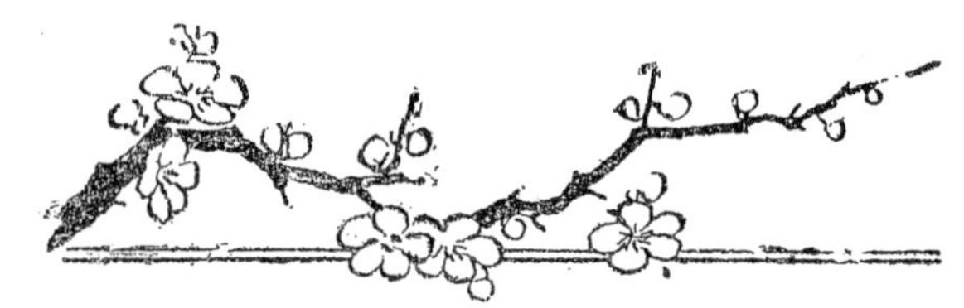

녕변 아가씨

정서촌

약산의 맑은 물 먹고 자라서
마음씨 그처럼 고우ㅂ다구요

진달래를 무척 좋아했더니
저절로 수집어지더라구요

약산단 문공단 짜는 솜씨에
반해서 말 한번 건네봐ㅅ더니

정든 곳 따로이 있노라면서
가슴속 철옹성을 건들지나 말래요

---

* —철옹성은 녕변에 있는 불굴의 성지—

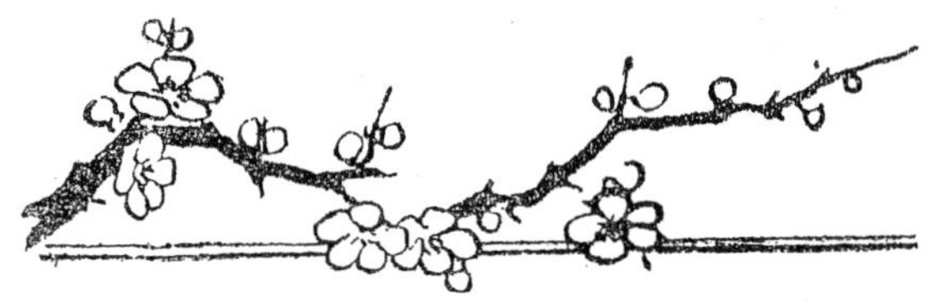

량대머리 홀로 앉아 있네

윤 진관

량대머리 홀로 앉아 있네
산'비탈 양지쪽에
가둑'잎 매만지며
흘러 가는 흰 구름 바라보며

저 처녀 무엇을 저리 생각하는걸가.
쉬르참 웅헤야는 어느 때던 앞장서더니
기나리도 멋지게 뽑아 넘기더니
저 처녀는 왜 홀로 앉아 있을가

처녀는 들리지 않네, 보이지 않네
동무들의 흥겨운 노래'소리도
신나게 돌아 가는 웅헤야 춤도
다만 가슴에 차고 넘친 무거운 근심이

일 내내 오뜨ㅁ가던 처녀의 작업반
오늘은 막끄리에 오르락내리락
진탕흙 저나르자니 그럴수밖에
질통에 흙만 붙으니 그럴 수밖에

가득찼은 몇몇 십번 매만졌나
흰 구름은 어디로 흘러 갔나
작업 시작 종소리는 뗑ㅇ—뗑ㅇ—
춤추던 손들이 질통 메는데

그제서야 가슴 트이는 랑태머리
성큼 일어 서서 소리치며 달려가네
„가마니 대신 싸리 질통 만들자
진탕흙도 말끔히 다 떨어지게!“

진탕도 가서지리 태산도 물러가리
처녀의 마음이 저리도 닮았거니
수로야 삼천 리, 오천린들 어떠랴
우리 나라 젊음이 저리도 미더운데

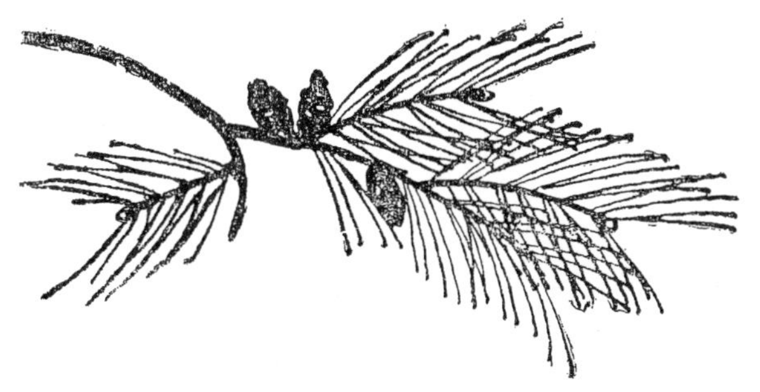

사과밭에서

류 지얀

진달래꽃 방긋 웃는 언덕길에서
제대 군인 젊은 총각 휘파람 부네
정다웁게 줄지어서 사과를 따네,
사과밭에 처녀들이 좋아서인가
옷차림을 고치면서 밭으로 오네.

제대 군인 사과 가지 휘여잡고서
사과 따는 처녀에게 말 물어보니.
참새들아 잠간만 떠들지 말렴,
알고 보니 우리 조합 찾아 왔단다,
처녀는 능금처럼 얼굴 붉혔네.

협동 조합 사무실을 묻던 총각은

따다 멸군 사파알을 집어서 주네.
받자하니 가슴 울렁 부끄러워라
말없이 더래끼만 내밀었다나요,
제대 군인 가다 말고 뒤돌아보네.

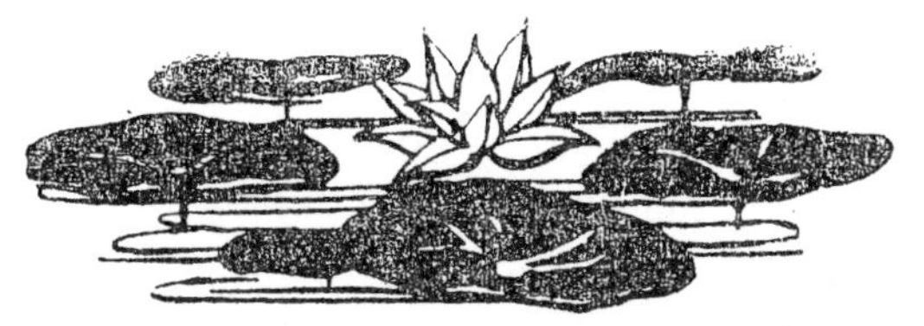

다듬이 소리

허진계

백두 고원 높낮은 산판
연장 메고 두메'길 내리는데
고요한 밤 깜박이는 불'빛
멀리 들려 오는 다듬이 소리…

그치락 이으락 생각에 잠긴듯
또다닥…또다닥…그 무슨 가락이냐?
창'가에 한밤'중 그 뉘를 기다리다
사뭇 안타까와 신발 끌고 나오는듯

분아, 그날 밤이 생각나누나
감발 치고 떠나는 오래신 길에
마디마디 가을이면 다듬이 소리
이기고 만나리라 기약하던 그때가…

세월이 간다고 마음이사 다르랴

오매에 못 잊는 고향이려니
맹세와 함께 변함 없는 사람아
남북으로 헤여져도 뜻만은 하나더라,

뜻만은 하나더라, 조국이 하나이듯
들을수록 그리운 다듬이 소리
불'속에 맺어진 너와 나의 길—
총칼도, 죽음도 이 길만은 못 막으리.

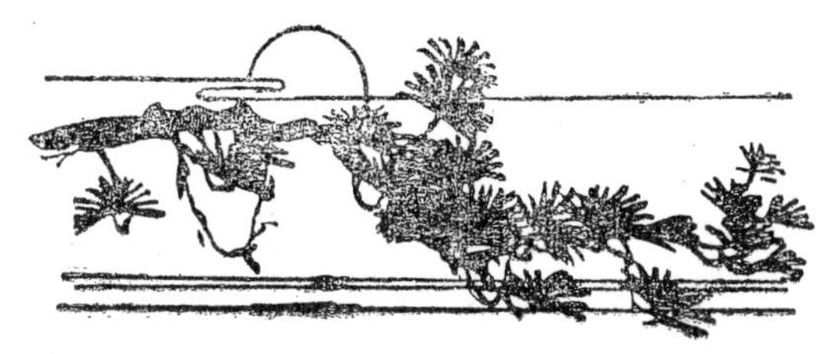

아침

민 병균

바람처럼 가벼ㅂ게
물'결처럼 즐겁게,
아이들은 창밖으로 지나가며
나의 아침잠을 깨우거니.

문을 열면
공장 굴뚝 높이,
오늘도 기세 좋게 타오르는
황백색의 연기 타래—

나는 문득
안해의 손목을 잡는다.
신선한 해'벼ㄷ을 안아 오는
6월의 푸른 바람 속에,

사랑과 행복의
두 얼굴 나란이 서서
마치 신혼 부부인 양
맑은 거울을 본다.

어떻게 참으랴?
우리의 이 기쁜 날을
우리 함께 서 가는 마음을
어떻게 끌어 안지 않으랴?

어머니 배'속에서부터
로동의 노예로 태여나,
침략자의 사슬에 얽기히고
부자놈들의 채찍에 터진 몸

갓서른에야 다시 찾은
우리의 로동, 우리의 청춘,
남보다 두곱 즐겁게 사노라
남보다 두곱 젊게 사노라

그들을 못잊어

리 봉재

할머니는 밑빠진 소드을 버리지 않았다.
부뚜막 한쪽에 놓아 두고
쓰기라도 하듯 가시고 닦고…

생활을 위해선 어디라고
너를 끌고 다니지 않았더냐
가난이 서렸던 작은 소드아.

아들이 없는 할머니 부처는
총을 멘 아들들을 만났었다
이국 땅 장백의 어느 한 산촌에서,

그들이 압록강 건너,
압제자들의 둥지를 불사르려
지나가고 지나올때,

작은 손끝에 지어준
고량미 주먹밥이
아직도 못 잊혀—

큰 집에 큰 가마 걸고 사는
조합원 그 할머니는 생각하신다.
그들을 다시 만나 후한 대접하고
싶음을!

그네줄을 꼬며

주 태순

땅에서 달까진 멀고 멀어
꿈에도 못 가는 구천만리 길,
허지만 우리는 생시에 가자,
저 달나라로 나들이 가자,

리 태백이 다 못 놀다 죽은 달,
옥도끼로 찍고 금도끼로 다듬어
집을 짓고 부모님 모시고 싶다던
저 달속에 계수나무 가지에,

누이야 나는 그네를 매련다,
분홍치마 흰 버선발로
두번 세번 굴러 뛸때에
별들이 이마에 닿게스리,
위성이 머리 우로 지나는 이 순간,
내가 꼬는 그네줄은

통일의 날 주름잡아
나뉘여진 조국 땅 이어 놓는 다리,

아, 나는 그네줄을 꼬고 있다,
제주도 해녀와 삼수 갑산 우리 누이
쌍그네 뛰는 통일의 명절날엔
온 세계가 다 쳐다보게 다 기뻐하게.

쏘련 조선인 작가 시편

게 봉우 시 2편

나의 느낌

조선은 조선 사람의 조선이니
언제던지 독립한다던 아버지의 말슴이。
쏘베트 군대의 위대한 힘으로
해방을 얻은 오늘에 와서
신통하게도 맞았고나!
그때에 나의 아버지는
삼일운동에 만세를 부른 죄로
공중에 달리어 „춤"을 추고,
코에 붓는 고초물에 기절하고…
놈들의 악형을 그렇게 받고도
삼년의 중역사리를 또 하다가
바루 출옥하던 그날 밤에
나의 머리를 어르만지면서
그런 신념있는 말슴을 주엇섯네.

나의 아버지는 중역만 치렀지만 .
보성 전문학교에서 공부하던 나의 언니는
독립단 본부의 한 사람으로서
독립 신문을 비밀히 박아내다가
놈들에게 붙잡혀
발'길에 채워 갈비가 불러지고,
방망이에 맞아 두골이 부서저
입에서까지 흐르는 피도 싳지못하고
그만 눈을 감고 말앗섯네.

* * *

나의 집에는 그일뿐이 아니다,
수원 제삼리에 시집간 나의 누이는
애국부인 회의 명의를 띄고서
독립운동 후원금을 모집하다가
례배당에 몰아넣은 사람들속에서
총창에 찔리운 어린애를 끌어안고
살 한점, 뼈한 조각도 남김없이
불의 연기로 되고 말앗섯네

* * *

독립을 예언하신 나의 아버지
온틀까지 계시엇더면.
당신의 말슴이 꼭 맞앗다고

얼마나 기뻐하엿으랴?
그리고 언니와 누이도
이제까ㅅ 숨만 불엇더면,
해방시킨 쏘베트 군대의 공덕을 위하여
찬송의 노래를 남만저 불엇으리,
나혼자 이 날을 기념하오니
가슴을 만지면서 느끼고 있노라

할아버지의 눈물

대야머리 나의 할아버지
추풍의 어느 웜호집에서
몇해나 아재비로 있엇던지?
나에게 이야기 하실때에는
멸시와 모욕에서 얻은 한숨
길게-길게 내쉬면서
열손가락이 불둑갈구리 되도록,
밤낮으로 벌엇지만
그래도 굶주리고 헐버섯더니,
네아비—내뉘에 와서야
즐거히 잘살게 되엿구나!
레닌의 은덕으로,
그가 지도하신
시월혁명의 성공으로 해서.

* * *

눈보래치는 그날 아침에

돋보기 쓰신 나의 할아버지
신문을 들고 보시다가
맥없이 무르끄우에 놓으시며
하, 이 어룬이 사망하셧구나!
우리를 잘 살게한 이 어룬이
그렇게 애달픈 말슴을 던질때
옷깃에까지 떨어진다,
돋보기 밑으로 흐르는 눈물이.

■■■

나는 그때에 철모르는 아해엿다,
그러나
할아버지의 눈물에 겨운 말슴
나에게 닛지못할 인상을 주엇다。
해마다 이 날에는,
검은기 달린 이 날에는
돌아가신 할아버지의 말슴
다시-다시 추억하면서
눈으로 또한 보는듯해라,
할아버지의 흘리시던 눈물.
그러나 그 어룬 사망되지않앗다,
우리가 그의 길로 나아가기때문에

——00——

한 아나똘리 시 2편

두 소원

1

이 사람아, 그 젊은 피를
한 고치만 딱 나를 주게
나먹고 등곱은 늙은이도
저 높은 하늘에서 날아보게.

내 청춘은 동대산 수십년에
토호놈의 땅바닥에 말라붙어—
길가에서 밟히는 배짜개처럼
먼지속에 꾸글어들고 말랐다네.

사래긴 발고랑에 막어고데어
품값을 지지면서 일하다가도

아픈 허리를 호미 짚고 겨우 펴서
해 뜨고 달 뜨는 저 하늘을 쳐다보며:

„비도 오고 눈도 오는 저 하늘에서
벼락도 치고 무지개도 빼ㄷ치거늘,
조화많은 저 하늘에 날아가서
구름이라도 걸타고 살앗으면!…"

2

그러나, 이 사람아, 세상은
내 눈앞에서 변하기도 했네.
저 하늘에 있다던 팔자가 글쎄
오늘에 와서는 우리 손에 붙잡혔네.

꼴호스에는 집집에 암소들이
며호박 같은 젖통을 드리우고 있고
배부른 돼지들은 할일이 없어
주둥치로 땅이나 파고 놀아대네

새로 지은 우리 집에는 유리창으로
새로운 해빛이 정답게 들여다보고
저녁이면 우리 식구 한곳에 모아앉아
류성기 탈아놓고 화목하게 즐긴다네.

어린놈들은 우리 얼굴에 그려진 주름살에서
옛날의 학대와 고생을 예ㅅ말처럼 읽어보며
늙은이들은 끌호스의 목욕탕에 들어가서
한뉘 묵은 때재기를 것든하게 긁어내네.

나도 늙으막 길에 다 들어서서
이렇게 비록 사둥 뼈는 꼽을었지만
그래도 내 마음의 허리는 다시금 펴저서
앞가슴을 막헤치고 뛰놀고 싶네.

3

야, 이 사람아, 그 젊은 피를
한 고치만 딱 나를 주게,
이 늙은이도 이 좋은 봄날에
저 맑은 저 하늘에서 날아보게.

시ㅅ별ㄱ언 오모별이 번쩌ㄱ이는
시ㅅ허연 그 날개를 펼치고서
저 맑은 저 하늘에 올따가서
이렇게도 살기 좋은 내 천지를

눈자라는 그 멋대로 보고싶네.

구비―구비 연당목을 늘여놓은
저 앞에 시냇물도 내려다보고
륙백날가리 푸른 영초를 펼쳐놓은
반듯이 앉은 우리 논판 내려다보게.

야, 이 사람아, 그 젊은 피를
한 고치만 딱 나를 주게.
나먹고 등곱은 늙은이도
우리 나라 하늘에서 날아보게.

뜨락또르 운전수의 노래

애순아!
사랑하지 못하겠다고
좋다, 맘대로 해라!
좀 섭섭하다만은,
어찌겠느냐? 글세
그러나 애순아!
낮지 못할것은
옛일이다
우리 둘은 서로
공부할때부터
사랑했지?!
농민 청년 학교에서,
한 학년에 단이면서.
그때에야 말로
어찌나 끔직히 사랑했던지

내가 지금 타고 단이는
이 뜨락또르의 힘으로도
우리의 사랑을
끊이지 못할 지경이엇서!
세상일은 쉴새없이
변하기도 한다:
농민 청년 학교가
꼼소스 청년 학교로
우리때에는
수염이 거칠한 사람들이
공부하던 것이
지금에는
조금한 어린 아이들이
그뿐이냐?
그리도 끔직히 사랑하던
네가, 글세
오늘에는
나를 배척하는구나!
졸업을 하고서
나는 뜨락또르 강습,
너는 교원 강습
이렇게 서로 사랑하던

그때에도,
손목을 마들어 쥐고
울다 싶이 말하면서
끝까지
영원히
사랑하겠다고 하던 네가,
글세 애순아!
오늘에 와서는
나를 배척하는구나!
나는 그래도
강습을 맞추고
뜨락또르 몰고 오면서,
너를 만나면
내 곁에 앉히겠다고
생각하였다
소가다기와 호미를 가지고
구슬땀 흘리면서 일하던
우리의 농촌에서
날이 갈사록 높아가는
이—
뜨락또르의 노래 소리를
너와 함께 들으려고

점작에 만나보니
딴판이고나!
너는 나를 본체 만체하지…
저녁에는
찾아와서
„아직 낭이 어리길래
사랑하지 못하겠다“.
무슨 소리냐?
그러면 웨!
그전에는 사랑하엿던가!
그래 작란을 하엿던가!
거즛말을 말어라!
너는 원래
내가 강습하려 갈때부터
반대하엿지:
„어째서 그리도
더럽은 일을 하려느냐?“
애순아!
이제 좀 말해라!
내가 만약,
몸에서 석유내 나고
밤낮을 헤지않고 일하는

뜨락또리쓰트 아니고
네 생각대로
샛보얀 세루 양복을 입고
녀름 날이면
시내ㅅ가에서
너와 함께 물장구 칠
그런 사람이엇더면
네 낯이 어리지 않겟지?
옳다 너는
백노처럼 깨끗해 젓다
네 생각은
수정알 같이 말숙하다
네 골속에는
한가롭은
귀족의 생활이
섬읍거릴 것이다
그러나, 글세
내 같은
기름 투성이를
어찌 사랑하겟느냐?
지금이라도
직업만 바꾼다면

다시 사랑하겠다고
좋다, 하지만
네 사랑을 받겠다고는
그일을 그만두지 못하겠다
나는 똑똑히 들었다
벤진이 타는
뜨락또르의 가슴에서
폭발탄 같이 터져 나오는
사회주의 웃음소리를
그러길래 나는—
버들개지 같이 부드러운
너보다
뜨락또르를
더 사랑한다
이—
곰 같이 기운이 센
아니 그 보다도
말할 수 없이
더 기운이 센
뜨락또르를
그러길래, 나는
괴꼬리 소리 같은

네 노래 보다
툭탁 거리는
뜨락또르의 노래를
더 사랑한다
그러길래—
섭섭한대로
네 사랑을
그만두는 수 밖에 없다
어째서 그렇지 않겠느냐?
지금은 내 나라에
끌호스의 봄이
부출을 친다
　일기도
　　　딱은—딱은
종달새—
　비—비 졸졸
뜨락또르
　투덩텅-투덩텅
내 옥토에
싯검언 물결이
번지어 눕는다
쎄얄까로 나래펴고

날아 다닌다
몇천만이 부르는
화기찬
로력의 합창 소리에
모든 자연이
골을 숙인다
어째서 그렇지 않겠느냐?
오늘 밤을 보려으나!
하늘에 별들만이 아물거리는
캄캄한 이 밤에도
바다 같이 넓다란
끌호스의 벌에서
내 짐승은
눈으로 불길을 뿜으며
고함을 치며 달아난다
나무 뿌리들이 억설긴
황무지라도
호득―호득 웃으면서
문지르는구나!
나도 그우에서
넘우도 즐겁어서
우줄―우줄 춤을 춘다

복바치는 웃음을
참다 못하여
노래 부른다:

나는 원래
고용자다
룩탁—룩탁
룩탁—룩탁
옛날에는
학대 받던
룩탁—룩탁
룩탁—룩탁
고용자다
룩탁—룩탁
지금에는
룩탁—룩탁
뜨락또르
몰고 가는
룩탁—룩탁
룩탁—룩탁
사회주의 일꾼이다
룩탁—룩탁
룩탁—룩탁

얼사 좋다
정말—좋구나
툭탁—툭탁
노래 부르며
다시금 생각한다
아마도 나는
이 뜨락또르로서
네 골속에 있는
네 사랑의 묵은데까지
갈아 번지어야 하겠다
툭탁—툭탁
툭탁—툭탁

김 준 시 3편

얼굴 솟은 강

씌르-다리야 강도 오늘은
높이며 흐른다.
소리 요란하게
새 길로 나간다네
물고기도 사막에 알을 쓸고
모래 산 날새도
물 사품 굽어보며 지저기네.

* * *

천산맥에 뿌리 박고
아랄해에 고요히 깃드리며
검은 밤을 뚫ㅂ고 뚫ㅂ어
만년 갈앉아 흐르던 강
날 밝은 아침 햇살을 띄고

지평선 우에 돌아 앉았네.

☆☆☆

두 가닭 새 강 굽이
남북에 뻗친다.
크쉬르-꿈 사막에도
물 줄기 들어가네,
시들던 풀,
물 그리워 울던 양
물을 마시어라,
새 나라,
　　새 사람,
　　　　새 힘이여!

☆☆☆

다리야 강 허리를 둘어
열길 드높이 취세운 힘,—
코슬-오르다 제방이여!
물 오르는 모래 밭
따라가며 따라가며
풀이 푸르고 나무 욱어질 곳,
새 마을 일어설 곳
강 언덕 이슬 밟으며
이 마을 찾아 들자.

내 고향 "석천동"

우리 집앞 마당 가장자리에
굵은 참나무 한대 서있다.
집뒤엔 석천 맑은 강이 흐른다.
강 언덕 우엔 터밭이 있다.
이 밭에 할아버진 늘 담배 심으고
우린 늘 참외 심었노라.

• • •

봄이면 참나무 푸르고
가을이면 누르고
여름 더운 날 할아버지
정든 이 나무 그늘에
짚방석 깔고 목침베고 누어
담배댄 손에 쥔채 낮잠 쥐었다.
가을이면 어머니가
나무 밑에 수북 떨어진

고롤밭을 모여두더라.
그도 제집 열때라고.

＊＊＊

강가 버들나무 속에선
피끄리 길게, 길게 울고
우린 길게, 길게 물장구 쳣다.
강이 얼면 손발 실인 줄도 모르고
쪽발귀 타고 날맞도록 놀았다.

＊＊＊

아버지 마저 세상 떠날제
겨우 들리는 음성으로 유언하더라:
„내 죽거던 저 나무 밑,
할아버지 쉬던 저 자리에
깊이, 깊이 묻어다구".

＊＊＊

내 고향 석천동이여—
늙은 참나무,
때묻은 강과 밭.
주저앉은 무덤,
오늘도 우는 피끄리
만년이 지나도 못 잊을
내 고향 석천동이여!

로씨야 병정

찌호따알린의
바위'돌 우에서
하산 호수'가
연무 속에서
칼품고 시거버린
섬나라 왜적도
로씨야 병정의
의지를 맛보았다

* * *

크림 반도에서
브란겔리도
씨비리 눈보래에서
콜차크, 제니낀도
전설같이 들어본
붉은 병정 맞나보고

다시못올 길을 갔다.

* * *

배로찌야,
우크라이나
불길을 보고서,
원쑤의 총창에
반항의 피뿌린
처녀의 시체를 보고서
로찌야 병정이
은근히 말했다:
„두고보자"

* * *

심정이 맑고 넓은
월가강 물결우에
원쑤의 발자귀 흐를때
복수심에 목마른
로찌야 병정이
만리에 격한
레인강 물을 마셨다

* * *

하늘을 지나간
별찌처럼 짜라진

기폭삼아
검은 밤 추억에 남았고
„천황"도 정배갔다:
구라파 가마귀떼
바다를 건넌다.

* * *

제나라 일하는 온몸
파수'군의 배낭을 질
로씨야 병정이
평화와 자유의 터를 디디고
바람부는 먼바다를
내다본다.

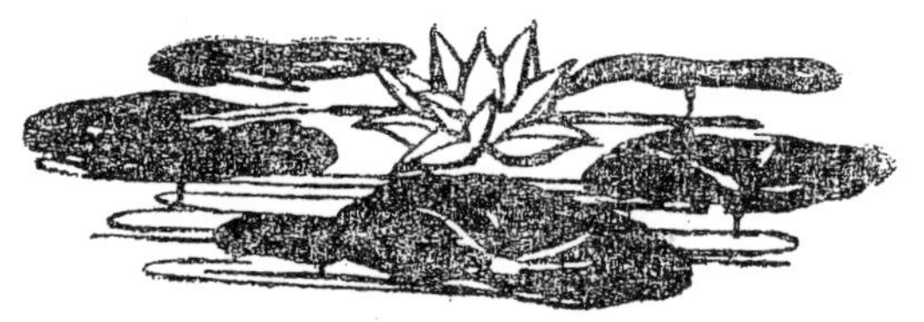

연 성룡 시 3편

달노래

달중에도 고운 저달
버들 가지에 걸린 달
처녀의 맘 간직하는
웃는 저달 고운 달

국경선 초소 청림속에
총잡고서 계신 님께
이 내 소식 전해주렴
웃는 저달 고운 달

우리 분조 일궈놓은
넓고 넓은 땅 지평선에
풍년 싣고 떠나오네
웃는 저달 고운 달

님 계실때 심어놓은
사과나무 꽃피었네
그 꽃함께 사랑 피네
웃는 저달 고운 달

* * *

날 보고저 심란커던
저기 저달을 처다보소
저달속에 내 맘 있네
웃는 저달 고운 달

신비로운 우리 조국
성심다해 수직하소
이 땅우에 행복있네
웃는 저달 고운 달

봄을 맞이

창공에 떨치며
지심을 울리는
건설의 노래,
　　　　봄노래,
늙은 나도 집행이 짚고
널따라 나왔다,

* * *

해빛이 따뜻이 빛외는 오늘
높다란 저하늘 맑기도 하구나
새 생의 노래,
승리의 노래에
고목에 꽃피누나

* * *

민중이 행복을 누리는 시절
늙은이 마음도 깃거워
집행이 집어치고

굽은 허리 휠신 펴고
활개쳐 내닫고 싶구나!

* * *

로력대 움실거리는 물에
봄은 날아와 만생을 부르니
늙은 나도 삽메고
꼴호스 벌판에 내닫노라.
오, 건설의 노래,
승리의 노래야,
힘끝 떨쳐라—
이 늙은 나도
봄춤을 기끌 추련다.

씨를 활활 뿌려라

이 넓은 논판에 씨뿌려
풍작의 가을이 돌아오면
누렇게 누렇게 벼이삭
욱어욱어져 파도치리

에헤헤 뿌려라
씨를 활활 뿌려라
땅의 젖을 짜먹고
왓삭왓삭 자라게

뜨락또르 농장아 웨 굶어
봄을 맞웅해 소리치니
뜨락또르 뜨르르 구울려라
파종 시절이 늦지말게

에헤라 즐겁다 이봄이
따뜻한 태양이 비치는 봄

일망 무제의 막야욕로
부요한 내나라 이아니냐

이넓은 옥야에 풍년와
곡식 창고가 가득차면
새 생의 새 봄은 떠날애처
행복의 고개를 또 넘는다

에헤헤 뿌려라
씨를 활활 뿌려라
땅의 젖을 짜먹고
왓삭왓삭 자라게.

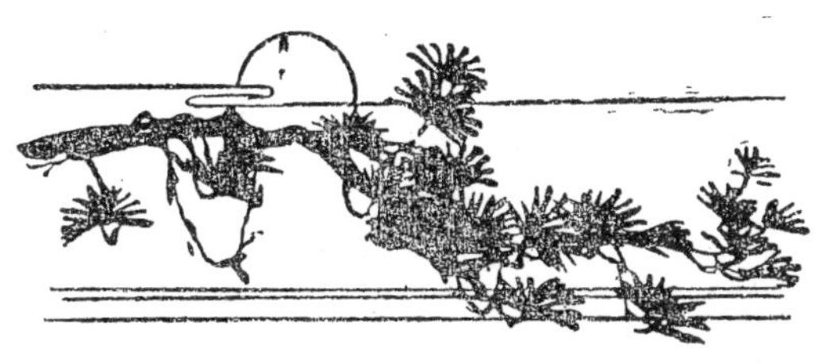

대 장춘 시 4편

아동 공원

어린 오리 무리 지어
냇물 우에 동동뜨니
아동공원 아이들아,
빨리빨리 공원으루!
우리 모여 노는 공원
푸른풀이 솟아나니
우리들도 그풀 같이
무럭-무럭 자라나자!

×

황철나무 움튼가지
봄바람에 흔들리니
우리들도 손을 잡고

기쁨으로 춤을 추자!

×

종달새 공중에서
재잘-재잘 노래하니
아동공원 우리들도
곡조 맞춰 노래하자.

소원과 실천

황무지 벌판은
이렇게 말했다:
„어째서 우리를
리용하지 않느냐?
찬란한 시절에
피기를 원한다!“
„그리해라, 벌판아!“
사람들은 대답하고
황무지를 개척하며
꼴호스를 세웠다.

×

목마른 밭들은
이렇게 말했다.
„낳어린 곡식이
젖못먹어 마르니

기름진 강물을
청해오너라!“
„그리해라, 밭들아!“
사람들은 대답하고
강물 찾어 달려나가
물을 오라 명령했다.

×

흐르는 강물은
이렇게 말했다.
„소원은 있으나
갈길없어 못가니
천리나 만리나
갈길만 닦아라!“
„그리해라, 강물아!“
사람들은 대답하고
수십천리 줄을쳐서
대돌 소돌 파냈다.

×

싯누런 곡식은
이렇게 말했다:
이삭이 여물어

잡새들이 탐내니
고귀한 쌀알을
알뜰히 걷우라!"
„그리해라, 곡식아!"
사람들은 대답하고
노래하며 추수하여
풍족하게 살아간다.

잘 있거라

울지말아, 안해야,
내가 먼길 떠날 때
조국 명령 품고서
로력전선 나간다.

×

낮지말아 안해야,
우리 화원 꽃피게
내가 보던 수문을
네가 맡아 보아라

×

잘 있거라, 안해야,
기차 고동 웨치니
나의 손을 놓아라
리별할때 되엿다.

×

두고 보아라, 안해야,

승리하고 내올때
왼쪽 가슴 해빛에
로력 훈장 빛나리

김 만삼에게 대한 노래

치일리 구역 „선봉“ 조합
선진 로인 계신데
금년인즉 환갑지난
분조장인 김 만삼.

×

사십여년 논판에서
찬물밟아 얻은 법
큰 살림에 행복주니
장하도다 김 만삼.

×

자기 지단 비만같이
걸음내고 피루어
높은 수확 얻어내니
모범하세 김 만삼.

×

꼴호스의 자랑이며

벼농사계 선수요
농업계에 이름있는
훈장받은 김 만삼.

주송원 시 3편

나의 사랑

저 앞뜰에 눈녹이고 진달래
꽃필때에 내 가슴에도
봄빛 흘러 사랑의 꽃
피여요 아—아
아—아 내 사랑아

사랑의 꽃 끼여 안고요
수접어 말못하고
어리둥절 섯는사이
나의 님은 쉬이 갓소
아—내 사랑아

님 찾아 먼길 떠나
황무지 번지는

카사흐쯔딴 먼곳에서
나의 님을 만났지요
아—내 사랑아

살뜰한 친구에게

당신을 만나며
  동으로, 서으로
    한없이 다닐제
어느날 아침에
  안개 자욱한
    동첩홍 속에서
어렴푸ㅅ이
  보기는 했지만
그러나 당신은
  그 어느때 봄철의
    나의 사랑처럼,
두손을 내어밀며
  끼여안으려할제
    안개와 함께
사라지더이다!

깊이 잠자서요!
　당신이 채 못한 일,
　　당신이 원하던바
우리의 손으로,
　우리의 힘으로
　　끝까지 하리다!

깊이 잠자서요!
당신이 채 못한 일,
당신이 원하던바
우리의 손으로,
우리의 힘으로
끝까지 하리다!

흰돛단배

무거운 분노를 큰 배에 가득 실어
바다도 힘겨운듯 몸부림 치는데
대담한 사공들은 쉬ㄹ줄 몰랐단다
사나운 태풍이 거슬며 불어쳐도,
도ㅊ도 없이 격랑에 노젓기 힘들어도…

＊ ＊ ＊

때 되어 북녀ㅋ 순풍이 불어와서
억센 이 배는 흰도ㅊ을 또 올렸네
만경 창파위 건들 부는 바람에
흰 도ㅊ은 갈매기양 훨훨 날개치네
인민의 행복 오붓이 실은 배
파도 가르며 두둥실 떠오네

조 정봉 시 2편

개척차는 달린다

개척차는 달린다
알따이로
씨비리로
개척차는 달린다
조국의 념원을
무겁게 싣고서
새 풍작 개척차는
풍풍—칙칙
달린다
풍풍—칙칙
달린다.
×
개척차는 달린다
카사흐쓰딴의

넓은 벌로
개척차는 달린다
청춘의 희망을
가득히 싣고서
새 행복 개척차는
풍풍—칙칙
달린다
풍풍—칙칙
달린다.

×

개척차는 달린다
공산주의
사회에로
개척차는 달린다
력사의 사명을
드높이 받들고
신세기 개척차는
풍풍—칙칙
달린다
풍풍—칙칙
달린다.

먼저 가세요

…그러문요 먼저 가세요
나묘—
쩜바이네르 강습을 필하고
뒤따라 곧 떠날테요.
포곡새 울어-울어
시절을 재초기해요,
드넓은 조국 땅에
봄파종 늦어진다고
천년 묵은 황무지의
개간 공사 늦어진다고…
…그러문요 먼저 가세요
크레믈리 서광이 밝혀주는 곳—
친애한 공산당이 지시하는 길이라면
우리 청춘 어덴들 못가오리.
락타도 목말라서

오아시쯔 찾아돈다는
까라꿈 사막에라도,
열풍이 불어-불어
청초도 말라든다는
중아시야 초원에라도,
북풍이 밀림을 안고
씸포니야를 알외인다는
씨비리 광야에라도…
우리는—
삶의 동산을 꽃피게 하리다.

…그러문요 먼저 가세요.
조국의 부름이라면
시대의 부름이라면
인민의 복리를 위함이라면
우리 청춘 어덴들 못가오리

한때 우린—
만리 전선 뭇찔르고
베를린도 들부셧구요.
한때 우린—
흥안령도 뛰어넘어
관동군도 생포햇지요.
그리하야—

동서양 근로 대중
평화의 백일을 보게됐구요
해방의 즐거움 알게됐지요.
허지만 오늘날 평화의 원쑤들은
아시야에 유로빠에
주검의 „씨앗" 뿌리고 있지요.
그러나—
평화의 푸른 봄이
온 세상을 덮은 이때—
주검의 „씨앗" 심그는 자들은
그 „씨앗"의 „열매"로 되여질게요
…그러문요 먼저 가세요.
당신은 워낙 뜨락또르 운전수이니—
조국의 최신 기술로 무장한
수천의 자연 정복자들과 함께—
뜨락또르의 타륜을 굳게 잡고
모-터에 가스를 함빠ㄱ 주어
일천 삼백만 게따르의
처녀지와 황무지를
솜씨 있게 갈아 번지세요.
깊이 갈아 번진 기름진 땅—
신간지 두백만 게따르에

최신 영농술 준수하야—
삶의 씨앗—
평화의 씨앗
행복의 씨앗
새 승리의 씨앗 심궈주세요
오달진 밀 이삭 고개 숙이여
우리의 땅덩이가 무거워질 그때—
그때엔 말에요
력사의 숨결도
한결 더 조화롭구요
세계의 체온도
한결 더 순조로우리…
…그러문요 먼저 가세요
나로—
꼼바이네르 강습을 필하면
당신이 가는 그곳—
피끓는 청춘의 창조력이
대류를 지여 쏠리는 그곳—
새 히망 새 행복 손짓하는 그곳으로
웃음으로 꽃피우며 떠나갈테요.
포곡새 울어—울어
시절을 재촉해요

드넓은 조국땅에
봄파종 늦어진다고
천년 묵은 황무지의
개간 공사 늦어진다고…

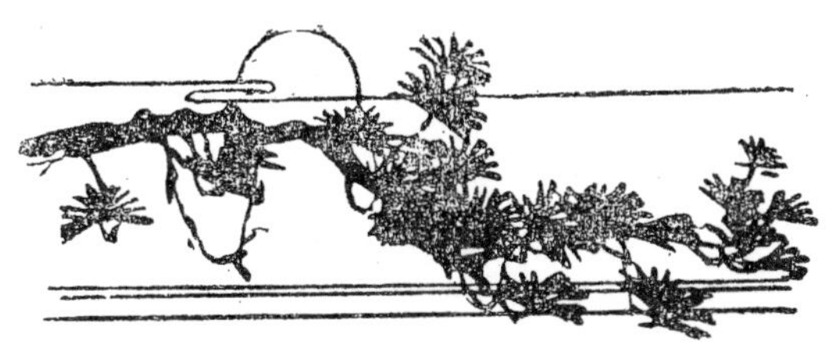

림하시 3편

시월동의 회상

이제 한해만 지나면
마흔 살 고개에 오르는 내지만
이 날을 맞을때 마다
웨, 이다지 가슴이 설레는고?

기억도 새로워라:
시월의 열 돐을 맞던 그때
레닌의 유언을 착실히 직히라고
붉은 넥타이 내목에 매여 주던 일

사회주의 첫 건설장에서
허리띠 졸라 매면서도
레닌 훈장 그린 꽁청 동맹증이
내 손에 쥐여지던 크나한 기쁨

어느새 시월의 서른 돐이 돌아와
당중을 내 가슴에 품을 때
망치와 낫에 장알 백인 손들이 뭉친
그 억센 대렬에 내 맹서코 들어서던 일

오늘 내 사십 고개 올라섰지만
어린애냥 딍굴며 뛰놀고 싶은맘
시월의 산아－내 조국이
오늘 외롭지 않길래

그 은혜로운 해빛에
날로 날로 자라는 형제들이 많길래
광명과 행복—공산주의 문턱을
넘을 날이 멀지 않길래

달밤

하도 밝은 달이
창문에 빛엿기에
어지러운 꿈에서
내가 깨여났나!
　　행여나 오셧는지
　　가난에 눌린
　　누덕 이불 떨치고
　　문 밖에 나섯노라
눈물 짓고 가신님
달 빛에 흐터진 꿈
치마 앞에 싸안고
그래모 오실런지!
　　강 건너 모래 언덕
　　달 빛에 모욕한 듯
　　아낙네 젖 가슴인양

히고도 둥글고나
귀글 짓는 서방님
가난하다 나무래도
구름 헤치고 가는 저달
하염 없이 쳐다 보니
오리 맺힌 글귀 실마리
풀리는 듯 싶고나

강 건너 천리길

흐르는 강물우에 떼목을 타고
물피레 불며 울며 구을러 갈제
강건너 천리길을 이미 떠난 이몸
산넘어 구름따라 한없이 가오

에헤ㅇ에요 에헤ㅇ에요
한없이 가오

산봉에 잠을 자던 저산에 구름도
새날이 돌아왔다 하늘 길을 갈제
강건너 머나먼길 이미 떠난 이몸
내 멀리 바라보며 한없이 가오

세풍에 떠러진 푸른 닢사귀
석천에 이리저리 밀려를 갈제
구름속 붉은 빛을 내 바라보며
재넘어 구름따라 한없이 가오

생활을 믿기 애처러워 그날 그날을
각담에 돌인듯이 살아온 일생
눈물을 걷우어줄 구름속 불빛
내 멀리 바라보며 한없이 가오.

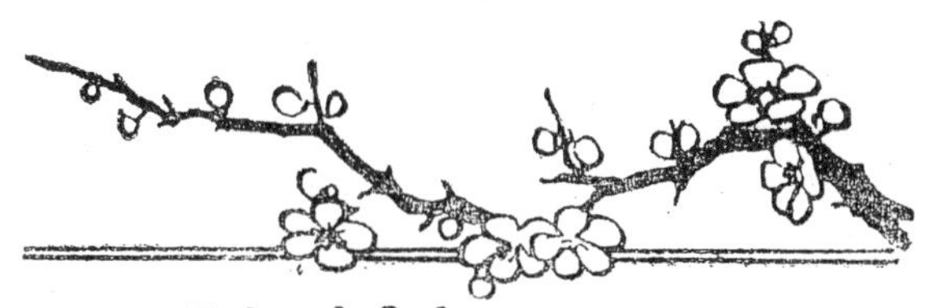

김 중손 시 ?편

시조 삼편

메넘어 내리는 안개
낮이면 해를 가리우고,
밤이면 달을 가리우건만,
꽃도 필대로 피고
열매도 익을대로 익노니,
이 고장 안개는
해를 대신하는가 하노라.

* * *

우리 님이 새로 든집
가다 볼가, 오다 들가
하루도 못보면
보고 싶을 님이어니
갈제 올제 들가하노라.

* * *

하늘에도 달이요,

물에도 달이니,
물과 하늘사이 떠있는
내게도 달이 있으려니,
이 종이 펼쳐 쥐고
내 달을 담아 보노라.

위대한 시인

조국이 사랑하는
위대한 시인
내가 누구를 읊음이냐?
웨.마야꼽쓰끼!
　초목이 웃음-꽃피어주며
　다시 도라온 봄-오늘
　당신없이 십년
　　무엇을 근심스러워
나는 공상의 리뜨므을 맞출가요
바그다지 소년시대,
　뿌띄르쓰크 감옥 신음,
　시월의 불길에 닺은,
　창작의 기교로 무장한
　위대한 시인이여!
　엄숙한 당신의 용모,

폭탄-리뜨므의 힘
나는 잘알아요
레닌 훈장 가슴에 빛남
누가 박수치않으리요
위대한 시인 마야꼽쓰끼!
이 빛나는 영예의 칭호
어찌 창작의 힘 이르키지 않았으리오
우리의 사랑 받는
위대한 시인! 들으시오
당신의 이름 천추 만대 살아 있고
당신 시 투쟁으로 부르오.

김 광현 시 3편

노래야, 흘러라!

정 깊은 우리의 면화밭
한밤새 또다시 그리워
찾으니 은구술 단장에
반가히 웃으며 춤추네.

노래야, 흘러라!
깃거운 이 마음
살뜰히 안고서
새처럼 날아라!

아침놀 반기는 잎들이
봄 바람에 흥겨워 넘노느니
기음군 후치질군 즐거워
전설의 노래 합창하네.

노래야, 흘러라!
친구야, 즐기라!
기쁜 맘 얼싸 안고
밭이랑 드넘네.

수만돈 백금을 자랑하는
뛰노는 청파의 큰 바다
물대고 디루며 손따니
봉오리 날보며 즐기노나.

노래야, 흘러라!
힘줄아, 뛰어라!
승리의 기빨이
또다시 날린다.

백금꽃 만발한 면화밭
귀여운 처녀들 노래에
한송이 두송이 거두니
백금산 또하나 솟았다네

노래야, 흘려라!
친구야, 즐기라!
좋구나 이 선물
조국에 드리자.

오늘의 빛난 자랑이여

뉘라서 착한 일 하면
그본 받으라고
뉘나 일러주거니—
그 습성 뿌리 깊어,
추억에도 새로워
내 한분을 울어러 노래하노라.
백성이 잘 삶을 위하여
죽는 것 두려움 모르고 싸우신
김 알렌싼드라를 노래하노라.
그이는 원쑤의 총뿌리 앞에서도
„나는 볼쉐위크“라 고
„쏘겟으면 쏘라“ 고
떳떳이 나선 투사다.

조선 사람들은 한때—
„눈감안 천한 인간“ 이라고

조밥 먹는다고—
„추미자" 라고 학대를 받았다.
남의 피땀으로 배부른 놈들 한테
웬만한 일에도 뺨맞고
발길에 채웠다.
그때 알렉싼드라는 늘 말했다.
레닌은 빈민의 수령이라고
해방의 길 가르켜 주신다고.
이 말씀 짐함없이
수백 수천을 불러 이르켰노니—
때를 못 만나 허덕이던 무리
빨찌산을 지어 총창을 들고나서
백파를 들부시고
일본군 족쳤다.
자유의 앞날을 바라보며
볼셰위크들을 받들어 몸바처
시월의 탐조등 밝히는 길 걸엇다.
아무리 어려운 때라도 서슴없이
매양 웃는 낯으로
사람들을 불러 이르킨 그이—
알렉싼드라의 우렁찬 목소리는

우랄에서도 들리였고
하바롭쓰크에서도 세차게 울렸다.
수백 수천의 심장에
싸움의 불씨를 심은 그이—
그리면 그릴수록 커지는 그 모습
오늘의 빛난 자랑이여!

지난날 더듬어 보노라면
가슴 아픈 일 많거든
하물며 귀여운이 새파란 청춘에
놈들한테 총살 당했으니
이 어찌 애통하지 않으랴?!
흐르는 물 굽어보자면
눈굽이 핑—도는 낭떠러진 곳
동북으론 아물강 철교,
서북으론 하늘 떠받는 첩첩 청산,
서남으론 막연한 평야—
여기서, 바로 여기서
그 밉살스런 총성이 대기를 찌즛었다.
알렉싼드라의 심장이
찌신과 네페도브—
그 몇몇 전우들의 심장이 멎었다.

그때 저주로운 그 총성에
지심에 뿌리 밝은 청산도, 바위도,
웅대한 철교도 분해 뗄엇다.
이 땅의 미더운 아들 딸이
이 땅 위해 목숨을 바칫거니
천길일가 만길일가—
깊다란 지심도 은근히 애타는듯…
오, 이 땅의 귀여운 자녀들이여!

강물은 민심으로 깊어,
가슴 저린 일이언만
그래도 속에만 품고 흐르다도
너무나 안타까운듯
쏴—하고 한숨을 지엇단다.
바위, 바위만을 만지며—애타게 만지며…
때는 변하엿다—
한숨 짓던 고통의 세월 멀어갓다.
오늘은 강물도 수목도 노래한다.
아물강 밀림에서 멀리 흘러흘러
아롱—다롱 단풍잎 떠가며
하바롭쓰크의 아름다운 가을 자랑하거늘
화창한 오늘 다시금 추억하노라—

이 강물 굽어보며 그이
몇번이나 노래했던고
자유의 노래,
새생의 노래를.

그 노래—
루억만의 목소리 부르던 노래,
불속을 께뚫ㅂ고 날아온 노래,
오늘도 시시로 높아만가거니
오, 충직한 이여,
천사람 만사람 울어러 볼 투사여!
그대가 지켜 싸운 쏘베트가
앞장을 서는 오늘
그대가 그리워하던 조선도
그 노래 세차게 부르며
시월의 꽃씨 심고
소중히 가꾼다오.
사십년 전해오는 그 꽃씨
오늘 중국 땅에도 뿌리 박았고
알바니야에서도
불가리야에서도…
싹터 실팍하게 자란다오.

형제들과 함께 그대 부르던
자유의 노래, 투쟁의 노래는
인도네시야에서도 울리고
에기뻬트에서도 퍼져만 가거니
오늘은 평화와 자유의 세상—
인민의 목소리 뭉치는 세상!

고요한 밤에

내 마음 끼여안고
　　　　흐르는 까라딸
미인의 허리에
　　　　은띠로 보이오
달빛에 빛어서
　　　　비단 쓴 이 밤에
묵상은 흘러서
　　　　내 남편 그리오
×
물결을 간지며
　　　　불어온 실바람
내 품에 안기며
　　　　아양을 부리오.
벌민의 불길이
　　　　내 심장 휩싸나

믿음의 물결은
　　불끄며 흘러요.

×

영원히 그대를
　　만나지 못하면
눈에서 피흘려
　　가슴을 적시리,-
반갑은 소식이
　　문전에 떠오면
한없이 기뻐서
　　뛰놀며 춤추리

리 은영 시 3편

처녀의 약속

(노래)

이른봄 첫새벽에 뜨락똘 몰고와서
황무지 넓은 땅을 울리며 번질때에
처녀의 이상한 꿈 당신이 깨웠서요

못보면 그립고
후 맞나면 붓그러워
렴 은근히 타는속
당신은 아시나요

당신이 갈아놓은 새땅에 심은 곡식
정성끝 다루어서 날마다 자랄때에
심중에 맺힌 열정 속깊히 여물었소.

이 밭에 익은 곡식 사랑의 열매오니
꼼바인 몰고와서 당신이 거두시면
불붙는 그 입술에 첫 약속 맺겠서요

어머니

훈훈한 봄 바람이 분다.
안개가 자욱히 찻다.
저기 어머니가 온다
안개를 헤치면서 어머니가
얼골에 웃음을 띄고 날 부르며
사랑하는 어머니가 온다
나는 너무도 기뻐서
두 주먹을 쥐고 뛰어가다가
그만 질탕에 밋그러저 넘어젓노라
백옥갈은 흰옷을 적시고
분하고도 원통하여
조소하는 아이들을 피하며
은근히 눈물을 씻첫노라

아니다 아니온다
돌아가신 어머니 아니온다

이것은 모도다 환상이다
고통과 원한으로 가신 어머니
애처렵게 우는 나를 찾아서
한번 가신 어머니 아니온다
나는 넘우도 슲어서
호을로 의지를 찾아다니다가
이제야, 다정한 어머니 품속에 안겻
노라
모국의 넓은 땅 힘껏 끌어안고
애정과 열정에 넘우 기뻐서
검은 땅 정성끌 입맞추며
„어머니!" 소리처 불렀노라

백두산이 보일러라

고향을 등지고
한숨과 눈물로
두만강을 건널때에
백두산 천지속에
일편단심 두었거늘

중아시야 천산맥
산봉위에 올라서서
돋는해 맞이며니
백두산이 보일러라
해방된 백두산이!

강 태수 시 3편

진정한 웃음

진정한 웃음은
마음의 꽃송이라네,
로동의 열매라네.

이 꽃송이, 이 열매
해마다, 해마다
곱게 피여나고
굵게 자라네

시월의 넓은 땅에
깊이, 깊이 뿌리박은
이 꽃송이, 이 열매
이땅의 큰 자랑이네

이 꽃송이에,

이 열매에
밤낮 물주는 이들이여,
고마워라, 고마워라!

크레믈리에서는
우리 위해 한 밤에도
저렇게 불을 끄지않고
마음을 태운다오

진정한 웃음은
마음의 꽃송이라네,
로동의 열매라네.

새 바다 새 물결

새바다, 새물결 보고
날아드는 저 갈매기들
너의 마음 내가 알거든
내 마음 너이들이 어찌 모르랴?!

×

지난해 이달, 이날엔
예서 꽃놀이, 꽃놀이 햇다네,
이해, 이달, 이날에는
배타고 배놀이 한다네.

×

밝는 해 이달 이날엔
저 하눌에 새 다리, 새 다리놓고
별나라 구경 가련다네
별나라 구경 가련다네

×

물결 타고 즐기는 네 마음

바다가에서 노래하는 내 마음
까라꿈 가도, 찌비리 가도
간데마다 새 바다 새 물결

×

내 조국, 내 강산이
이렇게 넓고 이렇게 높거든
시월의 아들 딸 먹은 마음
평화와 건설 뿐이라네.

순희의노래소리

불리에 모두다 구락부
유리창에 매달리더라
더러는 문을 덜커ㄱ—덜커ㄱ하며
밖으로 내달더라.
아무 영문도 모르고
나도 목을 기웃—기웃 하며
그쪽을 내다보니
일요일 날 햇살은
벌판에서 잠자리를 찾더라
저쪽 강가로 나가는 길목에서
순히가 흥겨워 노래 부르더라
여우 꼬리 같은 벼이삭을 메여
땅손에 추켜들고 노래하더라
„약산동대 찾아가자" 곡조로:
„이 강곬에 풍년이 왔다

정든 님을 찾아가자
누릿누릿 무르녹아
이삭마다 금알이오
걸음걸음 경개로다
정든 님을 찾아가자
첫논답에 들어서니
천하 명승 여기로다".

듣는이의 마음 녹아난다.

그대가 정든 님이 뵈려거든
백리 넓은 풍년벌 찾아오소
우리네 꼴호스 마을 색시라오.

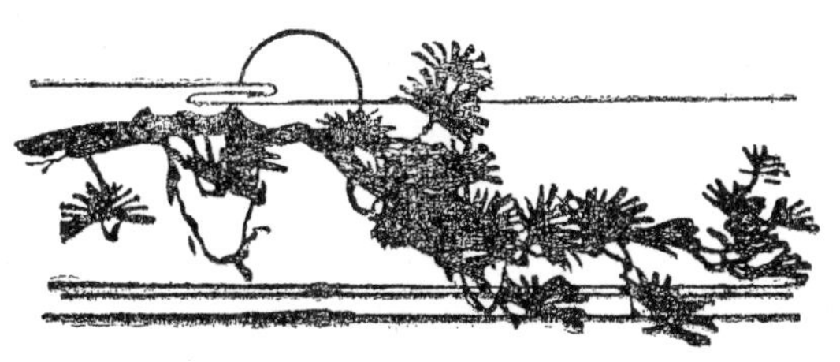

김 남석 시 2편

자반 아저씨

날마다 어린양 풀뜨ㄷ기고
날마다 어린양 물먹이니
애앰—애앰 앞뒤에서
아저씨를 따루네

×

아저씨는 빙긋 웃으며
고술—고술 고운 털 만지며
네 배 부르면 내맘 기쁘고
네 병나면 내맘 근심 겨워
귀여운 양들은 알아듣는듯
입을 버려 애앰—애앰
머리들어 처다보며

가즌 엉석 다부리네

×

아저찌는 팔을 벌려
애기인양 안아주며
어서 어서 자라나라
풀뜨ㄷ으며 애앰—애앰.

평화를 위하여

머리위에 푸른 하늘 떠이고
꽃 향기 풍기는 이 나라
아름다운 평화의 내 마을
부드러운 대지의 살결
밟으면 밟을사록 정다워라

×

한없이 넓다란 들판위에
즐거운 살림에 수놓는 웃음,
활기찬 이 마을 내 가정
자유와 행복의 숨결 드높다.

×

꽃같이 피어나는 내 막동이
젖꼭지 빨아물고 헤죽거릴제
내 심장 또다시 고동친다:
나의 귀중한 뽈랴!

네 목숨 잃은 그때
네 모습 눈앞에 뚜렷이 떠오른다.
걷잡을 수 없는 피어린 눈물…
오, 괴악한 저주의 전쟁!

×

라지오에 흘러오는 웨침 소리
구라파에서
아세아에서
울린다:
—평화를!
　행복을!—
이는 온 인류의 목소리
내 심장도 힘차게 뛰놀아
평화의 서명장으로 달려간다.
한가지 신념을 담아적는
그 많은 이름과 나란히
내 이름 뚜렷이 적노라
평화를 지키어 굳게 나서라

×

온 세상 형제들의 가슴께서마다
뿜어오르는 유일의 믿음
똑 같은 심장의 맥박이다.

평화의 뭉친 힘
원자 전쟁 막아치우라!
내품에 안긴 막동이도
평화의 품속에서
고이 고이 자라나리라.

우리 꼴호스

김 종세

정깊은 꼴호스
새 계획 심장에 품고
황망한 벌판을 개척하여
생활의 봄노래 부르던
너를 내 기억한다.

* * *

물이끼 깔리고
모기떼 한울 덮던 곳에
새집들이 줄줄히 일어섰고
골목—골목 백양나무 높이 솟은
정든 우리 마을…
저녁이면 구락부에서
청년들 노래 소리,
깃거운 음악소리 흘러나리는

문명한 꼴호스,
오, 너를 나는 자랑한다.

* * *

생활이 꽃피는 꼴호스,
주트 재배에 이름난
로력 영웅 스물두명 길러낸
정깊은 너를
어찌 자랑하지 않으랴?
주트를
두곱 수확한 그 솜씨
어찌 첫 솜씨라 할가?

* * *

저 앞에 내다뵈는
구품치는 주트 밭에
올에도 새 영웅 나서리라.
웅장한 혈기에 뛰노는 로력대
행복의 새 열매 키우며
로력의 공훈 쌓누나.

* * *

조국의 부름에 활발히 나선
지미뜨로브 꼴호스!
나가라 앞으루,

억센 팔뚝 힘끝 뽐내라!
그리고 자랑하여라
평화를 위한
창조적,
전투적
용력을!

으뜸노래

허 국

력세가 난날부터
세월도 함께 났다
몇백 몇천 세월 중에
십칠년 세월이
세월의 으뜸일세

* * *

인간이 생긴 뒤에
오랜 력사 지나오며
허고많은 사람중에
맑쓰와 일리츠는
사람 중에 으뜸일세,

* * *

넓은 세상 많은 나라

제각기 사는중에
착취없고 압박없는
사회주의 우리 나라
나라 중에 으뜸일세

* * *

푸른 하늘 복판에다
으뜸으로 수를 놓고
대 시월의 기빨 달고
평화 행복 실은 수레
마흔해채 굴러가네.

승리의 래일

최 민

피묻은 칼
그대로 들고
선지피 발린 주둥이
소매자락에 문대이고
불시에 달려든
강도 무리
사정없이
짓밟는다,
여기에서
저기에서.
형언못할 죄
얼마냐?

몸살이 치운다
할아바지 팍지로
수천년 부드러워진
땅에서,
그의 땀으로 키자란
풀속에서,
정든 마음으로
큰 기둥 세운
저의 집에서
맘대로 살려는
부드럽고
인정있는
어머니,
아버지,
철없는
누이,
동생
칼박아
찌즈어버리고
불질러
없인 죄
끝없는 우리의 힘,

한없는 우리의 분로

넘친다,

북받친다.

용소슴치는

복수의 바다에서

피비린내에 어리친

허리편 짐생의 무리야!

닞지말아라

닥쳐오는 래일엔

우리의 땅에서

부서진 너의 뼈

썩어없어질 것을.

우리는

굳게 믿는다

승리의 래일을,

괴수의

„마인깜프"

쌀궈버리고

우리의 장책에

붉은 대자로

대승리를

래일에

굳게 씩일 것을!

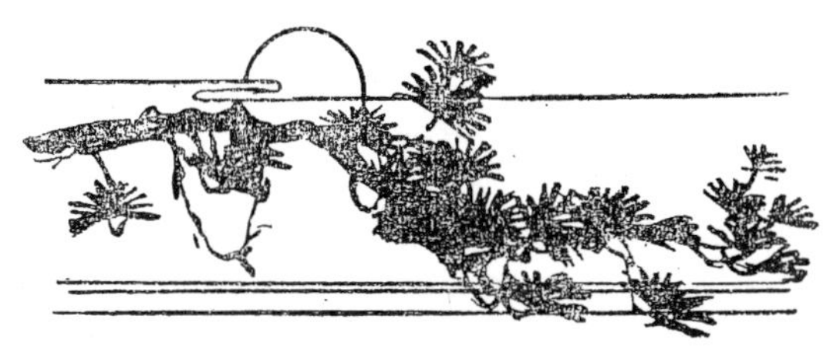

벗이여

춘 소

구름산 휘돌아
옛터전 찾아가면
푸른물 건너서
옛동산 찾아가면
북쪽으로 불어오는
력사의 화풍에
꽃피는 봄동산—
무궁화 옛고향
건설의 횃불 들고
행진곡 울리라!

×

그러나 그러나

태평양 사나운 바람
검은 구름 몰아올제
갈길 찾아 헤매는
억울한 설음에
애처롭다 내 사랑—
한양도 눈물 짛고
락동강도 용솟음친다.

×

제나라 팔아먹은
얄미운 매국적
나라 원쑤 섬기던
교활한 변절자들
아직도 파고 있고나
죄악의 구렁을
그러나 멀지않다
력사의 심판
심판의 그날!

×

반만년 조선의
우렁찬 구령소리
들린다 옛동산에
„앞으로! 앞으로!"

부흥의 조선—
건국의 대 정강
력사의 지평선을 밝히
탐조등처럼
인도한다, 백만대렬을
승리의 길로!
성공의 길로!

×

길을 닦으라
무궁화 동산에
건국의 새길을,
세기의 죄악
파던진 그우에
력사의 새길을!

×

산을 헤치라
왜적이 쌓은
살풍경 그산을!
바다를 뒤번지라
우리 민족 신음하던
피눈물의 그 바다를!
그리고 그우에

더 닦아 짛으라,
로력의 궁전을!
행복의 락원을!

비둘기

차원철

새하얀 비둘기
훨훨 날애쳐
구름 높이 떠갑다
산넘어 바다 건너
인류의 가슴에
평화의 씨앗
고이고이 전해주노나!

평화

김 옐레나

너는
힘과 생명을 가젔다
너는
어린애의 장래다.
너는
인간의 행복이다?

×

이 말이 오늘
인류의 노래다
이 말을 우리 당이 억세게,
억세게 한다
이 노래를 로씨야가 세차게,
세차게 부른다.

×

모쓰크와가 칠월에

이 노래를 부르며
만국 청년들을 맞는다
말은 비록 다르나
뜻은 같다
처녀들이여,
총각들이여
어서 들어오시라!
우리 힘을 합하여
„평화"란 이 말을 황금으로
하늘 복판에 새겨놓시다!

집에 계신 어머니

김 철수

사월도 막가는 밤
국경선 지켜 재운총 들고
조심스레 발을 옮김은
검은 그림자 비치지 않는가 함이외다
바람 속사기어도,
부엉이 울음 울어도
귀를 기우려 엿든나이다
어머니도 내 뒤를 살피시겠지요

×

집에 계신 어머니시여!
그때 미련하던 아들인가
근심하지 마서요.

지금은 눈치 빠르고
대담한 수비병으로
내 나라의 뜻을 받들고
이 초소에 장엄히 서서
어머니와 누나를 그리면서
사월의 금음밤 새나이다.
래일은 어머니도
맑은 하늘의 오일 해 보시겟지요!

×

철없던때 그 옛 기억도
맘속에 깊이 뿌리 박혀
또 다시 그때를 더듬노라면
지난 전쟁의 그 무서움이
보이는 듯, 들리는 듯
몸서리 치나니다
재운총 튼튼히 잡고
마음 굳게 먹싸음은
살륙이 더 없을 평화를 부름이외다
집에 계신 어머니도,
이 부름을 들으시겟지요.

나와 내 아들

채 동철

나는 어릴때부터
일하였노라!
모든 힘겨운 일을—
봄에는 땅을 파고,
여름엔 기음 매고
가을엔 곡식 베고,
겨울엔 나무 하면서,

×

글방을 지날때면
울었노라!
남들의 글소리 부러워서
발에는 짚신도 못 걸고,

몸에는 썩배도 못 감고,
입에는 거미줄 엉킬 지경,
어머님 사랑이 그리워서

×

오늘도 상옆에 앉아
글쓰고 있고나!
내 귀여운 아들은!
고개를 갸웃 거리며,
토실토실 한 손에다
철필대를 들어 쥐고,
입술을 감아 빨면서.

×

지금은 침대 우에서
잠들었고나
내 사랑하는 아들은!
잠꼬대에 웃기도 하고,
덥다 담요를 차기도 하고
서름없이, 근심도 없이
어머니의 애정 품고서.

천짜는 누님

진 우

한글같이 줄치어서 노는 실감기
누님 앞에 자랑삼아 빙빙 돌구요
스르릉 살살 실북기 숨박꼭질에
나의 누님 방긋방긋 웃음웃어요

실마리에 실마리로 눈길 돌리며
솜씨 있게 나의 누님 천을 짜내오
스르릉 철깍 기계들 장단 울리니
나의 누님 좋아라고 노래 부르네

방직기로 흘러나는 비단 구품이
늠실늠실 흐르는 물결같구요
명주필을 떠니고 닫는 자동차

우릴 찾아 들들들 굴러온대요
명절마다 어머님은 빼놓지않고
새옷 지어 우리를 입히는군요
뽕도 따고 털도 깎고 목화 뜨드면
나의 누님 곱운천 많이 짠대요.

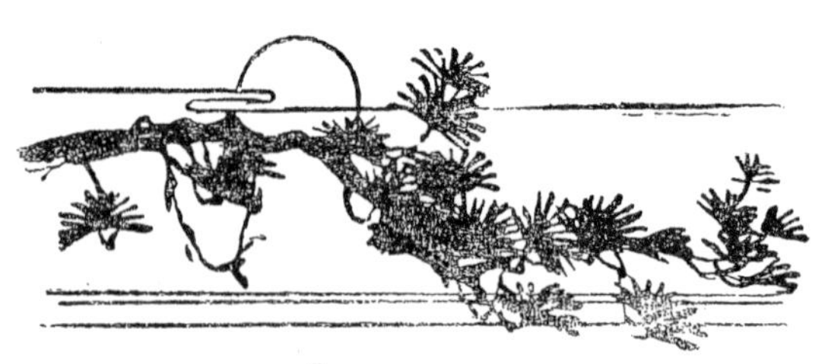

독수리와 두더지
(풍자시)

김 야꼬브

따뜻한 봄철에
독수리 부부간이
높다란 나무 가지에
둥이를 틀었다.

하루는 나무뿌리 밑에서
두더지 기여나와 나즉히
독수리 양주에게 말했다:
„이 나무뿌리 패워서
튼튼치 못하오니
다른 나무에 둥지를 트소서
그로 그렇거니와

남이 사는 머리우에
어찌 집을 짓습는가?"
이말에 분이 치민
독수리 두 마리가
죽지를 활짝 펴고
쏜살 같이 내려와
갈구리 같은 발톱,
괭이 같은 부부리로
업수이 보이는 두더지를
오리-오리 쯔즈으려 했다.
두더지는 제굴로 들어갔다.
그래도 두더지는
제 머리 우에 지어지는
독수리 둥지 무서워서
여러번 간청했다:
„우리도 살고 싶사오니
이 나무에서 떠납소서
이게 우리 오래 사는 나무오니"
이렇게 애걸할 때마다
두더지는 제굴로 쫓겨 들어갔다.
쫓겨 들어가서는
날마다, 밤마다 이리 저리

나무 뿌리밑에 굴을 팟다.
하루는 사나운 폭풍이
이 나무를 후려 쳣다.
나무는 쾅 꺼꾸러젓다.
독수리 새끼들은
나무 가지에 끼여 죽고
독수리 량주는 죽지 불러젓다

제 세력을 믿고 남을 내리켜
보는 사람들이 알아 두어야
할 이야기다.

—00—

„극성"아 더 빛나라

동 철

„극성"!
칠칙벌 평원에서
행복스럽게 꽃피는 꼴호스—
„극성"아,
너는
열다섯살 먹어오며
해마다
　　면화를 위해,
　　　　백미를 위해
이때까ㅅ
로력의 우렁찬 행진곡
그 얼마나 합창했더냐?
„극성"아,

로력이 끓어 넘치는
„극성" 아,
만백성은
너를 눈녀겨 본다
노래 듯는다,
백양나무 욱어진 마을에
어두운 밤
　　침묵을 깨치며
들려오는 라지오,
　　꽃핀 전동…
오! 너는—
농업 도시 분명코나!
너는 약속을 직혀
수천 뿌드 면화와 벼를
해마다
　　남먼저
조국에 선물로 드렸지.
로력의 명수들을 꾸준히 길러낸
„극성" 아,
전설의 앞길 밟어
거름바삐 달리는 너
영예롭다,

장하다,
„극성“ 아!
너—
로력의 투쟁
평화의 투쟁에서
빛나라, 더 빛나라!

파종에 나선 맘

조 정호

첫 파종 새벽길에
아침을 맞어
만물이 봄이 왔다
노래를 부를 때
푸른 벌 넓은 옥야
맞웅해 나선 맘
이른 봄 씨 뿌리며
활발히 가오.

×

봄 바람 살틀하게
내빠ㅁ을 스칠때
내 나라 주는 행복
가슴에 품고서
큰일을 성공하며

봄 들에 나선 맘

기쁜 봄 놓지 말자

활발히 가오.

×

로력을 사랑하며

자라 온 이 몸이

장구한 평화 위해

노래 부르며

풍년을 가져오는

기름진 이 벌루

힘차게 걸음 맞춰

활발히 가오.

봄 아침

한 까짜

지평선 마루에
붉은 노을 뿜으면서
동터오는 봄날 아침
나의 사랑 미사야
농장으로 가며 오며 맺친 사랑

이른 봄에 씨뿌리고
여름 동안 김 매여
풍작 가을 돌아오면
잔치상 차려놓고
자랑해볼 우리 사랑.

팔월 15일

조 라이싸

이날
조선의 옛주인 돌아왔다
동해 바다 푸른 물도
즐거워 구품쳤다.
시내'가 느러진 버들도
깃을 버텨 춤을 춰ㅅ다

×

자유 조선 부활한 날
내 목 쉬도록 노래하노라:
새 사람,
　새 가정,
　　새 나라
날개를 펼치라
남북이 싸움 없이 한몸되라!

아무다리야의 아침

라 용필

동편 하늘가 지평선우에
찬란하게 떠오르는 아침해
아무다리야 강우에
다정하게 비처준다
비처주는 햇살 담아싣고
구비 구비 흘러가는 물결은
끝없는 청람색 완연하다.
강촌에 일어나는 아침 연기
만리 창공 구름속에 돌아진다
창파에 흐르는 아침 경개
보는자의 흉금이 상쾌하다
일평생 먹은 마음 변치 않고
그 걸음, 그 방향으로

깊이 깊이 흘러가는
아무다리야의 굳은 절개.
만년 흐르는 긴세월게 너는—
일궈놓은 력사도 굉장하다.
인적 없던 초원에도
웅장한 건축이 일어서고
한없이 묵어있던 광야에도
거대한 농장이 솟는다.
말랐던 땅우에
오곡이 무성하고
시들었던 나무 뿌리에도
새 싹이 돋아난다.
백초장 넓은 벌판에
눈부시는 꽃송이 피였고
끝없이 넓은 평야에
황금 곡파 나부낀다.
분주히 돌아치는
뜨락또르 소리,
부즈런이 받아치는
농장 타곡기 소리,
무거운 짐 싫어오는
운수선의 기적 소리—

아무다리야의 높은 공적이여!
앞날의 공적이 또 얼마인고?

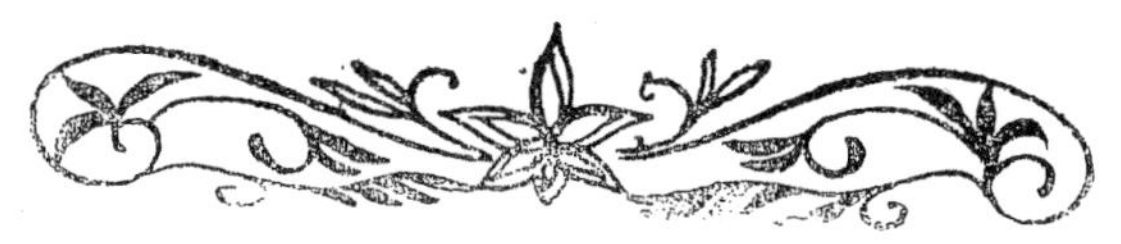

레닌 도시

최 니꼴라이

오늘 이 도시에서 내
레닌의 얼굴을 보노라
레닌의 심정을 보노라.
오, 거룩한 이시여!

×

력사에 이름난 레닌그라드
십칠년 10월에 당신이
쓰몰리늬 참모부에서
혁명의 뢰성 드높게 울렸어라.

×

시내를 꿰여 흐르는 강
네와강 물우에는
혁명적 습격의 첫 구령을 내린

„아브로라“ 장엄하게 서있다.

×

혁명전에 대포고이엿던
뿌찔로브 공장은
끼로브 이름 높이 받드는
생산 기계 공장이로다

×

황제들의 놀이터엿던
뻬쩨르고프는 오늘
만사람을 불러드리는
백성의 즐거운 공원이라네.

×

북쪽으로 오십여 리 밖—
여기는 자본가들의 보양소더니
새 세상의 오늘에는
로력자들의 휴양소라네.

×

남쪽으로 사십여 리 밖—
„짜르쓰꼬에 쎌로“는 오늘
만인의 존경받는 뿌스낀 이름띄ㄴ

시인들의 즐기는 놀이더라네

×

오늘 내 이 도시 하늘에
하늘에 높이 올라가서
레닌그라드를 내려다보노라
거룩한 이의 얼굴과 마음이여!

솜마실(동요)

우 블라지미르

누이님의 시김받는
재간돌이 별란 기물
내가 입을 곱은 의복
살작살작 지ㅎ어내오

적은 바퀴 뱅뱅 돌고
실감통이 달달도니
흔줄기에 줄이 쭉쭉
이쪽 저쪽 닋어놓네

우리 누나 점심먹고
재간돌이 안먹이어
뒤점대면 어이할고
밥술 쥐고 한참 봐시소.

기름고치 멕겨주니
소리없이 좋아하오
우리 누나 결레줘고
„나ㅊ판대기" 쪼서주네

누나하고 물어보니
쏘베토쪼끼 손만섭
한뉘가도 병안나고
이본새로 일한다오

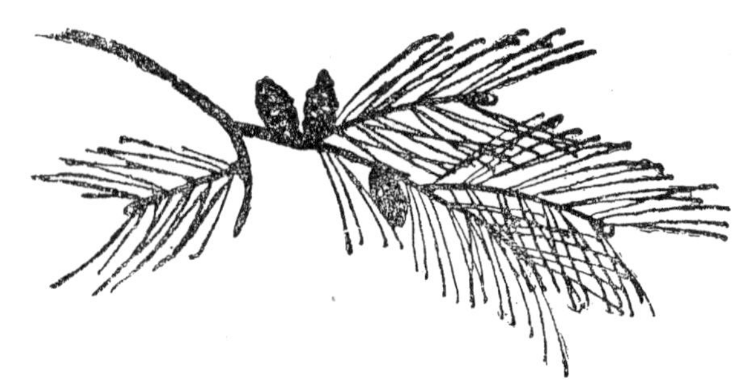

뜨락또르 운전수 노래

리 용수

힘많은 나의 친구 무쇠 용사야
강철보섭 뒤딸운다 빨리 구울려라
천만톤 길러주는 살진 이 땅을
네 용력과 내 솜씨로 디갈아내자

가슴에 불을 품은 네 고함소리에
내 심장도 뛰놀아서 노래부르네
마음끝 강철보섭 더 깊이 박고
몇세기 묵은 뿌리 다 뽑아내자

우승기 네 머리에 펄펄 날리고
내 가슴에 금별 훈장 빛을 내느니

둘이 함께 사명받은 로력의 친구
황무지 처녀지를 다 번져내자

——00——

차 례

박 연암 시 7편

정 다산 시 2편

김 삿갓 시 선집

구전 동요

현대 조선 문인 시편

김 소월 시 11편

리 상화 시 3편

조 명희 시 7편

김 창술 시 2편

류 완희 시 4편

조 운 시 6편

박 팔양 시 5편

박 세영 시 3편

조 기천 시 6편

그외 시편

쏘련 조선인 작가 시편

게 봉우 시 2편

강 태수 시 3편

김 남석 시 2편

СБОРНИК КОРЕЙСКИХ СТИХОВ
(на корейском языке)
издание казгослитиздат—1958 г.

Редактор **Нам Харен.** Художник **Ким Хен нюн.**
Корректоры **Хан Хевон, Ким Черсу.**

Сдано в набор 15/VI-58 г. изд. № 157 Подписано к печати 9/VIII-58г. УП01244. Бумага 70х92 1/32=14 п. л.-16,38 усл. п. л. (уч.=изд. 10,5 л) Тираж 5000 экз.
Цена 6 руб. 75 коп.

Кзыл-Орда, типография № 10 Главиздата
Министерства Культуры Каз. ССР. Заказ № 2668

조선시집

초판 발행 1958년 8월 9일
영인 발행 2018년 5월 26일

엮은이 박 일
해 제 박 환
펴낸이 홍기원

총괄 홍종화
편집주간 박호원
편집 · 디자인 오경희 · 조정화 · 오성현 · 신나래
김윤희 · 이상재 · 이상민 · 최아현
관리 박정대 · 최기엽

펴낸곳 민속원
출판등록 제1990-000045호
주소 서울 마포구 토정로 25길 41(대흥동 337-25)
전화 02) 804-3320, 805-3320, 806-3320(代)
팩스 02) 802-3346
이메일 minsok1@chollian.net, minsokwon@naver.com
홈페이지 www.minsokwon.com

ISBN 978-89-285-1180-8 92810
CIP 2018013991